GELLIUS edition⅄uszeit ist ein Begleiter, kein Trainer. Für Menschen, die mit der Stoppuhr am Arm und immer auf dem Sprung sich hin und wieder eine Auszeit gönnen möchten.

Mit Beiträgen von Autoren, die leisen Tönen den Vorzug geben vor den schrillen Pfiffen eines Schiedsrichters.

Primär für Wirtschaft und Management, aber auch für andere Disziplinen hinterfragt die Edition Spielregeln und vermeintliche Selbstverständlichkeiten und offeriert alternative Perspektiven.

GELLIUS edition⅄uszeit: Momente der Ruhe für alle, die Luft holen, Spielzüge durchschauen und die eigene Strategie überdenken möchten.

Linder-Hofmann ✦ Zink

Die Innere Form

Hat ein Manager Buddha-Natur?

frei nach Joshu
Chinesischer Zen-Meister

Management als einer der wichtigsten Leistungsbegriffe unseres gesellschaftlichen Lebens steht vor einer großen Herausforderung in seiner jungen Geschichte.

Nämlich den überfälligen Beweis anzutreten, keine »Nieten in Nadelstreifen«, Schönwetterkapitäne und »Raubritter in Glaspalästen« zu sein.

Ansatz der Autoren ist es, in der Qualität des Managements einen Weg aufzuzeigen, der über die bisherige Qualifizierung deutlich hinausgeht und sie gleichzeitig ergänzt. Es wird dabei auch auf einen Weg zurückgegriffen, der vor 2600 Jahren in Indien begann und der nach seiner weiteren Entwicklung in China und Japan jetzt seine Zukunft in Europa hat. Es geht dabei nicht um eine neue Methode, sondern um die praktische Anwendung von Wissen und Erkenntnissen der asiatischen Eliten in einem für uns Europäer leichter zugänglichen Weg.

Bernd Linder-Hofmann
Manfred Zink

Die Innere Form

Zen im Management

Illustrationen von Ernst Böhm

GELLIUS
edition Auszeit

Inhalt

> *Nichts scheint so schwierig zu sein, wie etwas Neues zu gestalten.*
>
> frei nach Niccolò Machiavelli
> Italienischer Denker

Vorwort

Wir möchten mit diesem Buch zeigen, wie Sie Entwicklungen und Veränderungen in Ihren Organisationen und im Management nachhaltig wirksam gestalten können. Wir verwenden im Folgenden die Begriffe Veränderung und Entwicklung synonym, weil die Veränderung von Organisationen im Sinne einer Entwicklung die zentrale Aufgabe des Managements ist; wissend, dass nicht jede Veränderung eine Entwicklung der Organisation bedeuten muss und in der einschlägigen Literatur Management von Veränderungen immer noch als eine herausfordernde »Sonderaufgabe« des Managements gesehen wird.

In unserer langjährigen Arbeit im Umgang mit Management und Veränderungen, sei es als Führungskraft, als interner oder externer Berater, sind wir täglich mit den »Irrungen und Wirrungen«, mit Freud und Leid von solchen Veränderungsprozessen in Organisationen konfrontiert.
Vielleicht, liebe Leserinnen und Leser, verbindet uns ja auch die Erfahrung, wie wenig innerhalb

dieser Veränderungen in der Realität gelingt, trotz all der ernsthaften Absichten und guten Vorsätze, und obwohl Frau und Mann redlich bemüht sind, Modelle entwerfen, Tools einsetzen, Bücher wälzen, externe Berater beschäftigen. Und trotzdem: Das Ergebnis ist häufig ernüchternd.

So weit so gut, werden Sie hier sagen. Die Analyse trage ich mit. Was ist nun neu an diesem Buch? Was ist anders?

Wir sind zutiefst davon überzeugt, und die Ergebnisse geben uns Recht, dass die Art und Weise, wie bisher Veränderungen »gemanagt« wurden, unzureichend ist; dass vieles von dem, was getan wurde, zwar notwendig, aber bei weitem nicht hinreichend ist.
Wir wollen mit unserem Ansatz einen neuen Beitrag leisten, der in dieser Form über die traditionellen Denk- und Handlungsansätze zum Thema Veränderung und Management hinausgeht, der eine evolutionäre Entwicklung zum Gegenstand hat und dabei das Notwendige belässt, das Hinreichende aber stärker in den Vordergrund rückt.

Dieses Buch wendet sich primär an Manager, aber auch an Verantwortungsträger aus Gesellschaft und Politik; letztlich an alle, die sich ihrer Verantwortung für die weitere Entwikklung unserer Organisationen und unserer Gesellschaft bewusst sind und die Professionalität des Managements als ihre eigene Herausforderung begreifen.

Unser Dank gilt allen, denen wir in Veränderungen begegnet sind; ein Buch entsteht nie durch den Autor alleine. Ein besonderer Dank an unseren Zen-Lehrer Hinnerk Sobu Polenski; ohne ihn wäre dieses Buch so nie geschrieben worden. Darüber hinaus danken wir ganz herzlich Birgit und Karla.
Unser Dank geht auch an alle Mitarbeiter vom GELLIUS Verlag. Wir danken dem Verlag für die Aufnahme unseres Buches in die GELLIUS editionAuszeit.

Nürnberg und Frankfurt, im Oktober 2002

Bernd Linder-Hofmann
Manfred Zink

Sie wissen nicht WARUM, sie kennen nicht das WAS, aber alle starren gebannt darauf, WIE es geschieht.

Management von Veränderungen
Veränderungschaos als Normalität

- Wandel auf allen Ebenen

- Veränderung: Ernüchterung pur

- Die (Un-)Logik von Veränderungsprozessen

Wandel auf allen Ebenen

Wie im Großen...

Wie präsentieren sich uns der aktuelle Zustand und die Entwicklung unserer Gesellschaft?

Wir leben in einem nervösen Zeitalter. Anthony Giddens spricht von einer »entfesselten Welt« (Giddens 2001). Ein radikaler, zum Teil kurioser Wertewandel bahnt sich den Weg.

Geprägt durch ein Übermaß an Trivialem und einem Mangel an Wesentlichem verdinglichen, versachlichen und digitalisieren wir, häufen unermessliche Nebensächlichkeiten an. Das »Gesetz des abnehmenden Grenznutzens« scheinen wir dabei auszublenden.

Verlieren wir in dieser »multioptionalen postmodernen Gesellschaft« die eigene Mitte?

Der Trend zu den Extremen und an die Ränder scheint prägend für diese Gesellschaft, die sich unaufhaltsam beschleunigt und in der die Identität von Systemen und Menschen sich in einem permanenten Belagerungszustand von außen befindet.

Die Folge davon ist, dass sich Gewissheiten auflösen. Es gibt keine Fixpunkte der Orientierung mehr. Stabile Verlässlichkeiten, basierend auf dauerhaften Werten, ehemals Garanten einer Stabilität werden zum musealen Oldtimer in einer Welt, die durch Turbulenzen in allen Lebensbereichen geprägt ist. Alles scheint beliebig, austauschbar und ersetzlich. Gleichzeitig erhöhen wir die Geschwindigkeit um uns herum. Das heraklitische panta rhei, »Alles fließt«, ist zu einem »Alles rauscht« geworden. Die Ideologie des Rasens hat Hochkonjunktur. Wer noch Zeit hat, gilt als verdächtig, Kontemplation ist eine Todsünde.

Die explosionsartige Vermehrung des Wissens führt dazu, dass wir immer mehr an Details gewinnen, uns anscheinend aber in diesem Detailrausch der Blick für die Gesamtschau, für die Zusammenhänge und für den Sinn verloren geht.

Gleichzeitig gerät der Motor unserer Gesellschaft, das Wirtschaftswachstum, ins Stocke und wird als Gradmesser und Garant des Wohlstandes von immer mehr gesellschaftlichen Gruppierungen zunehmend auf seine Tauglichkeit hinterfragt. Der Glaube an den mit dem Fortschritt verbundenen Segen hat in der letzten Zeit tiefe Risse erhalten.

Parallel dazu ist diese Gesellschaft, die sich im Zustand fortschreitender seelischer Anämie und geistiger Erosion befindet. »von einer unglaublichen Sehnsucht nach Spiritualität geprägt« (Barz u.a. 2001). Offen wird selten darüber gesprochen, nur im vertrauten Kreis und in gewohnter Umgebung outet man sich.

... so im Kleinen
Große Organisationen befinden sich immer häufiger in der Sackgasse, gleichen schwerfälligen Havaristen im Nebel, auf die sich zu allem Unglück auch noch riesige Eisberge zubewegen.
Das sprichwörtliche Chaos hat Konjunktur, ist zu einem, wenn auch ungeliebten Dauergast geworden. Viele Organisationen scheinen in einen Dornröschenschlaf zu verfallen und hoffen auf den Prinzen, der sie wach küsst: eine trügerische Hoffnung.

Veränderung: Ernüchterung pur

Wie sieht nun konkret die Erfolgsbilanz von Veränderungen in Organisationen aus? Um es vorweg zu nehmen: ernüchternd!
Die Halbwertszeit des Scheiterns nimmt zusehends ab. Bei allen Veränderungsprozessen klaffen extreme Lücken zwischen Anspruch und Realität. Die meisten Vorhaben scheitern gänzlich, der Rest zeigt nur suboptimale Ergebnisse. Auch Sie selbst erleben diese Veränderungen vermutlich tagtäglich; die Zahlen, Daten und Fakten dazu sind hinreichend bekannt (u.a. Studie im *manager magazin* 06/94; Flores del Pilar 1999).

Dies hat im Wesentlichen zur Folge, dass Routinen verloren gehen, der Wert von Erfahrungen und Wissen sinkt. Dadurch steigt, verbunden mit der zunehmenden Komplexität und der anhaltenden Turbulenz der Beschleunigung, die Instabilität von Menschen und Organisationen gleichermaßen, die Handlungsfähigkeit des Einzelnen nimmt ab, die Orientierung geht verloren, die Ängste von Menschen in Organisationen nehmen zu.

Dies alles zusammen sind keine guten Voraussetzungen, um Veränderungen wirklich erfolgreich zu gestalten.

In den Organisationen macht sich zunehmend ein neues Unbehagen breit. Die fehlende Glaubwürdigkeit von Botschaften verstärkt das Misstrauen und führt zu Vertrauenskrisen in Organisationen. Ethische Werte bröckeln; so schreibt das *manager magazin* in seiner Ausgabe 06/02 sinngemäß, dass der Wertekanon, ehemals Fundament »von Sittlichkeit, Ehrlichkeit, Fairness« einem rigorosen Egoismus weicht, und zitiert Joachim Milberg, Vorstand von BMW und seine Forderung: »Vertrauen und Verlässlichkeit brauchen wir dringender denn je.«

Vor diesem Hintergrund gestaltet sich das Management von Veränderungen zunehmend als Drahtseilakt ohne Netz. Ratlosigkeit beherrscht die Veränderungsszene.

Die (Un-)Logik von Veränderungsprozessen

Tragisch ist, dass wir auf gescheiterte Veränderungsprozesse mit dem Rezept (ohne kritischen Beipackzettel) eines »mehr desselben« reagieren und das mit einer erstaunlichen Hartnäckigkeit, sozusagen als Management-Reflex. Bei dieser Reise durch Absurdistan greifen wir noch tiefer in den Methodenkoffer, erhöhen die Kontrolle, präzisieren die Instrumente, steuern durch den Einsatz von noch ausgefeilteren Methoden und weiter optimierten Verfahren usw.

Auf die Methode management by »x« folgt, weil nicht erfolgreich, die Methode management by »y«. Ist auch dies nicht erfolgreich, bedient man sich eines anderen Ansatzes aus dem reichhaltigen Instrumentencocktail des Change Management oder wechselt den externen Berater, den verantwortlichen Projektleiter oder tauscht, wenn gar nichts mehr hilft, das Management aus.

Um nicht missverstanden zu werden: Viele Dinge, die getan werden, sind notwendig; der

Einsatz von Instrumenten, Methoden und Verfahren ebenfalls, aber das alles ist bei weitem nicht hinreichend.

In den vergangenen Jahrzehnten wurden die uns zur Verfügung stehenden Planungs- und Steuerungstools und der dazugehörige Methodenkoffer nahezu perfektioniert. Es gibt kaum ein Managementproblem, für das es nicht die passende Toolbox gibt, die Literatur zur Gestaltung von Change-Management-Prozessen füllt Regale, das dazu passende Entwicklungs- und Qualifizierungsangebot ist breit gefächert ... und trotz alledem: Das Ganze läuft nicht rund.

Sie werden sich nun fragen: Was muss denn nach all der berechtigten Kritik geschehen, um Veränderungen erfolgreicher zu gestalten?

Wirksames Change Management setzt die Balance der Äußeren und der Inneren Form voraus.

Was heißt nun eigentlich Äußere Form und Innere Form?
Und was meinen wir damit genau?

Es begeistern sich immer diejenigen am schnellsten für neue Management-methoden und -techniken, die auch schon mit den alten nichts anzufangen wussten!

frei nach Karl Heinrich Waggerl
Österreichischer Schriftsteller

Äußere und Innere Form
Zwei Seiten der gleichen Medaille

- Qualifizierung des Managements

- Äußere Form und physische Kondition

- Innere Form und mentale Kondition

- Authentische Führung

- Spitzenmanager und Hochleistungsteams

Qualifizierung des Managements

Wer möchte noch eine Qualifizierungsmaßnahme?

Wir möchten Ihnen das Thema der Äußeren und der Inneren Form zunächst etwas anschaulicher darstellen und einige Beispiele geben.

1998 hatte der Weiterbildungsmarkt in Deutschland laut einer Umfrage des Instituts für Wirtschaft ein Volumen von etwa 33 Milliarden DM, ein erheblicher Anteil davon wurde für die Qualifizierung des Managements ausgegeben (iwd 2000: 2).
In unserer Praxis zeigen Beratungsgespräche bei potentiellen Kunden immer öfter, dass in den letzten Jahren erhebliche Mittel in Managementqualifizierung und Veränderungsprozesse investiert wurden, ohne nachhaltige Ergebnisse und ohne den gewünschten und erhofften Erfolg.
Dann bleibt aber die Frage: Warum wurde der Return on Qualification Investment (ROQI) nicht erzielt?

Wenn wir dieser Frage nachgehen, dann können wir zunächst folgende Sachverhalte feststellen:

Die meisten Unternehmen haben nach unserer Erfahrung systematische Auswahl- und breit gefächerte Qualifizierungsprogramme, die auf ebenso umfangreichen Bildungsbedarfsanalysen basieren. Fast alle Unternehmen verfügen über eigenes Fachpersonal und Experten, die sich mit diesen Themen in Zusammenarbeit mit den Interessenvertretern hauptamtlich beschäftigen; Leistungs- und Potentialbeurteilungen beinhalten fast ausnahmslos die Rubrik »Qualifizierungsmaßnahmen«. Auch das Topmanagement hat zwischenzeitlich die Bedeutung von Qualifizierung erkannt.

Das Fazit: Das Management ist und wird im Durchschnitt gut qualifiziert!

Liegt das Problem dann vielleicht an der Qualität der Angebote und/oder der Anbieter?

Die Zahl der Anbieter im Bereich der Qualifizierung des Managements hat in den letzten Jahren deutlich zugenommen, die Zahl der Modelle sowie der Techniken á la *Manage-*

»Durch Qualifizierung wird man brauchbar, aber noch nicht gut!«

Fredmund Malik
Managementberater

ment by ... ist, wie oben schon angesprochen, dramatisch gestiegen (Linder-Hofmann 2000: 52). Die Halbwertszeiten haben sich damit entsprechend verkürzt. Oswald Neuberger hat in seinen Arbeiten diesen damit verbundenen Modell- und Theorienverschleiß wegweisend herausgearbeitet (Neuberger 2002).

Blickt man auf die Methoden und Techniken der Vermittlung und der Sicherstellung der Nachhaltigkeit, so wurden in den letzten Jahren andererseits durchaus auch deutliche Qualitätssprünge erzielt. Die Methoden lassen immer mehr Spielraum zum aktiven Mitgestalten, Sicherstellung des Transfers der Qualifizierungsinhalte an den Arbeitsplatz besitzt hohe Priorität, und neue Medien und Präsentationstechniken sprechen mehrere Lernkanäle und individuelle Lerntypen an.

Wo also liegt es, wenn, im Argen?

Äußere Form und physische Kondition

Blicken wir auf die Qualifizierungsangebote als Ganzes, dann können wir feststellen:
Die Mehrzahl dieser Angebote beschäftigt sich mit dem »How to«, mit den Techniken, mit den Fertigkeiten und dem Verhalten. Das ist zunächst nicht verwerflich, geht es doch um Professionalität, Effizienz und Effektivität des Managements. Management ist der Beruf des Resultate-Erzielens; der Prüfstein ist das Erreichen von Zielen und die Erfüllung von Aufgaben (Malik 2000: 73).
Dafür benötige ich, wie in jedem anderen Beruf auch, die entsprechende Übung im Umgang mit meinen Werkzeugen.
Verglichen mit einem Spitzensportler, zum Beispiel im Tennis, sind es meine Techniken und Fertigkeiten: Aufschlag, Vor- und Rückhand, Ballbeherrschung, Laufstärke, Kraft und Ausdauer.
Natürlich sind Talent und bestimmte Fähigkeiten hilfreich, aber unabhängig davon kann ich den Umgang mit Werkzeugen und Fertigkeiten erlernen, durch Üben, immer wieder,

mit stetiger Beharrlichkeit, Disziplin und Aus-
dauer. Ohne diese notwendige Disziplin im
Üben wird es mir nie gelingen, wirklich an die
Spitze zu kommen und dort zu bleiben.

Für den Manager sind es ebenfalls Techniken:
Präsentationstechnik, Moderationstechnik,
Gesprächstechnik, Projektmanagement, Pla-
nungstools etc., deren Anwendung immer
wieder geübt, weiter verfeinert und aktuell
gehalten werden muss.

Mit diesen Themen beschäftigt sich die Mehrzahl der Qualifikationsmaßnahmen, und auch
hier gilt das eingangs gemachte Statement:
Wir haben, Kunden wie Anbieter, in den letzten Jahren viel in Qualifizierung investiert.

Ähnliches gilt für die Organisation als Ganzes:
Strategien und Strukturen standen eindeutig
im Fokus; die großen Beratungsgesellschaf-
ten haben diese Themen in den letzten
20 Jahren zu ihrem Feld erklärt und auch
Enormes zur Qualitätsverbesserung in diesem
Handlungsfeld geleistet.

Jedes Großunternehmen besitzt heute eine
hochprofessionelle Planungs- und Strategie-
abteilung, die mit ihren IT-gestützten Tools,

Simulationsrechnungen und Planungswerkzeugen Hervorragendes zu leisten in der Lage ist. Die Organisation ist von einer kontrollierten Transparenz, und das Management hat jederzeit ein ausgefeiltes Kennzahlensystem zur Verfügung.

Der Blick auf den gesellschaftlichen Rahmen erinnert an den bekannten Werbespot »Mensch Schober ... mein Haus, mein Boot, mein Auto!«, als Kurzformel für alles, was wir in den letzten Jahren immer mehr in den Vordergrund gestellt haben: Haben ist mehr als Sein! Was Du hast, das bist Du!

Der Mensch definiert sich über Positionen, Funktionen, Einkommen, kurz über das, was er erreicht hat, nicht so sehr über das, was er ist.
Mehr noch: »Das Haben-Wollen ist der Feind des Sein-Können« (Zürn 1997: 59).
Diese auf Besitz basierende funktionale Stabilität, wie wir sie nennen, hat allerdings einen klaren Nachteil: Sie wird in den meisten Fällen von einer Organisation verliehen. »Sie sind ab morgen bei uns Direktor, haben eine

Abteilung mit 23 Mitarbeitern, einen Firmen-
wagen, ein eigenes Büro und eine Sekretärin:
Hier ist Ihre Ernennungsurkunde – meinen
herzlichen Glückwunsch.«

Daran ist nichts, aber auch überhaupt nichts
Verwerfliches! Die Frage ist nur, welchen Teil
von mir diese Äußere Form ausmacht, wo-
durch ich mich und mein Leben, mein Sein
definiere. Wie bin ich persönlich von diesen
Dingen des Da-Seins abhängig und wie weit
kann ich darauf verzichten?

Denn häufig trifft einen die Kehrseite schnel-
ler als man denkt:

»Im Zuge einer Umstrukturierung wird Ihre
Abteilung verkleinert, mit der Abteilung X
zusammengelegt und Ihre Stelle gibt es zukünftig nicht mehr – Sie sollten sich extern
nach etwas anderem umsehen: Tut mir leid!«

Der Grund für diese starke Betonung der
Äußeren Form liegt in der Ausprägung der
Modelle der Betriebswirtschaft und der
Psychologie, die auf exakte Planung, Steue-
rung und möglichst zielgerichtete Beeinflus-
sung von Organisationen, vor allem aber der
in ihnen arbeitenden Menschen abzielen.

Der »Economic Man« der Betriebswirtschaft ist zum Objekt und Funktionsträger geworden, der darauf wartet, beeinflusst und geführt zu werden. Als Folge dieses Denkmodells haben sich weite Teile der Management- und Führungslehre zu einer »allgemeinen, beliebigen Sozialtechnologie entwickelt, die willig auf alles zugreift, was geeignet erscheint, Menschen instrumentalisieren zu können, Einfluss auf sie zu gewinnen ... « (Graßmann 2002: 49).

Im »egalisierenden Unternehmen« (Sprenger 2001: 16) ist das Individuum das Problem, das durch ein breit angelegtes Instrumentarium passend gemacht werden soll und, so die Modelle der Lehre, auch gemacht werden kann.

Dabei ist das auf der Strecke geblieben, was wir als die Innere Form bezeichnen.

Innere Form und mentale Kondition

Du bist Dein wahres Selbst!

Was verstehen wir unter Innerer Form? Im sportlichen Bereich, vor allem im Spitzensport, gilt als allgemeingültige Aussage: Der Sieg wird im Kopf entschieden!

Wimbledon-Qualifikant 2002 Alexander Waske: »Seit ich mit einem Mentalcoach zusammenarbeite, habe ich keine Angst mehr vor dem Sieg«. Dabei ist die mentale Stärke neben dem Service sein größter Vorteil (o.V. 2002: 34).

Es ist unbestritten, dass keine noch so ausgefeilte Technik, keine noch so disziplinierte Fertigkeit und keine noch so hervorragende physische Kondition alleine auf Dauer den Sieg sicherstellen können.

Dazu gehört – nicht als Ausgleich, sondern als notwendige Ergänzung – die mentale, die psychische Kondition. »Die mächtigste Kraft in ihrem Leben als Sportler wird mit Sicherheit die mentale Stärke sein, d e sie sich angeeignet haben« (Loehr 2001: 23).

Wohl gemerkt geht es uns nicht um einen

»Es geht vornehmlich darum, das äußere Werk in den Dienst inneren Werdens zu stellen.«

Karlfried Graf Dürckheim
Europäischer Denker

Ersatz, um ein Entweder-Oder, sondern um ein Sowohl-als-Auch. Und in diesem Sowohl-als-Auch liegt nicht nur eine Addition, ein Nebeneinander, sondern eine Synthese. Durch das Zusammenspiel von Äußerer und Innerer Form entsteht Neues, das über die bisherigen Formen hinausragt und sie übersteigt.

Und bei der notwendigen aktiven Aneignung, d.h. beim Erwerb von mentaler Stärke muss genauso trainiert und beharrlich hart gearbeitet werden wie für die physische Kondition. Erst wenn beide Seiten der gleichen Medaille geprägt und ausgeprägt sind, und der Sportler gleichwertig daran arbeitet, kann man von einem dauerhaften Spitzensportler sprechen.

Dass beide Seiten zwangsläufig notwendig sind, macht das umgedrehte Beispiel deutlich: Auch wenn ich mich persönlich (als Nicht-Tennisspieler) mental hervorragend auf ein Spiel mit einem Profi einstelle, ist die Wahrscheinlichkeit exorbitant hoch, dass ich dieses Spiel mangels meiner Fertigkeiten verlieren werde.

Folgendes Beispiel für die Unterscheidung von Äußerer und Innerer Form und den damit verbundenen Denkweisen und unterschiedlichen Ansichten soll unsere Botschaft an Sie noch einmal verdeutlichen:

In einer seiner Chautauquas, seiner Reflexionen, beschreibt Robert M. Pirsig, wie er mit seinem Schwager John in Streit geriet, weil er für eine Schraube seines Motorrades eine Unterlegscheibe aus einer Getränkedose fertigte, die sich aufgrund der Weichheit des Metalls hervorragend eignete. Für John war es unverständlich, dass man eine mehrere tausend Dollar teure Markenmaschine mit einem Stück Weißblech aus Abfall repariert. »Mir ging es um die zugrundeliegende, die innere Form. Für ihn gab es nur die äußere Erscheinung. Ich sah, was das Unterlegmaterial *bedeutete*. Er sah, was das Unterlegmaterial war« (Pirsig 1988: 59).

Das Wesen der Inneren Form

Innere Form meint Bedeutung, meine Einstellung, weitergehend meine Werte, meine Haltung, mein Selbstwertgefühl, mein Selbst-Bewusstsein, das, was ich letzten Endes bin, kurz: mein wahres Selbst. Dies beinhaltet, ist aber weit mehr als nur mentale Stärke.

Die Innere Form kann nicht verliehen werden, Sie müssen sie sich erarbeiten, indem Sie sich ständig mit Ihrem Selbst auseinander setzen.

»Die Illusion bezüglich der Natur des Selbst ist die vulgäre Verwechslung von Ich und Selbst« (Suzuki 1976: 15).

In der Überbetonung der Äußeren Form liegt die Wurzel des Übels, und in dem immer mehr Haben-Wollen der Grund der latenten Unzufriedenheit. Das, was wir erreicht haben, das äußere Werk, und das, was wir besitzen, gilt als der vorherrschende Maßstab. Unser Ego konstruiert daraus ein Leben, und wir halten das, was wir besitzen, für den Wert und Maßstab unseres Lebens und das, was wir im Äußeren erleben, bereits für unser Leben. Wir sind dabei stets beschäftigt mit dem intellektuellen Verstehen und Durchdringen unserer äußeren Welt. Die Logik und das dualistische Denken sind so tief in unser Leben eingedrungen, dass wir das logische Denken für das Leben selbst halten und dass ohne logisches Denken das Leben ohne Bedeutung sei. Logik ist immer mit Anstrengung verbunden und

immer ich-bewusst: Damit stärken wir nur unser Ich, unser Ego (Suzuki 1976: 87), nicht unser wahres Selbst!

Dazu eine Geschichte von einem Mönch und einem Samurai. Der Mönch erhielt von seinem Klostervorsteher den Auftrag, unter allen Umständen eine wichtige Botschaft an ein befreundetes Kloster zu überbringen. Auf seinem Weg kam er an eine Brücke, die von einem Samurai besetzt war, der jeden, der passieren wollte, zum Kampf auf Leben und Tod forderte. Der Mönch, der sich seinem Auftrag verpflichtet sah, bot ihm an, die Botschaft zu überbringen und danach zurückzukehren und sich dem Kampf zu stellen, wiewohl er von der Schwertkunst nichts verstünde. Der Samurai ließ sich darauf ein. Der Mönch kehrte zurück, der Samurai gab ihm ein Schwert, zeigte ihm seine Position und beide nahmen Aufstellung, der Samurai in seiner geschulten Technik. Der Mönch hingegen versenkte sich, das Schwert über dem Kopf haltend, mit geschlossenen Augen in sich, ganz in sein Selbst und in den erwarteten Tod.

Der Samurai schlug nicht zu, im Gegenteil, er wurde immer unsicherer. Der Mönch strahlte eine Ruhe aus, eine achtsame Stille in totaler Versenkung.

Nach einiger Zeit brach der Samurai kraftlos und schweißgebadet zusammen und bat den Mönch flehentlich: »Lehre mich die Kunst des Schwertkampfes, denn Du bist ein großer Meister!« Der Mönch antwortete: »Das kann ich nicht! Ich kann Dich nur die Versenkung lehren, Dein wahres Selbst zu erkennen!«

Die Perfektion in der Äußeren Form ist wichtig, aber in diesem Sinne ist sie wertlos, wenn ich nicht die adäquate Innere Form besitze.

Wir alle sind gefordert, das äußere Werk nicht nur zu tun und zu vollenden auf Basis der Inneren Form, sondern darüber hinaus das äußere Werk nur als ein Werkzeug für das innere Werden zu betrachten.

Das äußere Werk steht im Dienste des inneren Werdens (Dürckheim 2001).

Nicht mehr das Geschaffene an sich hat Bedeutung und Größe, sondern mein Werden, mein Wachsen an und mit der Aufgabe ist der

Zweck meines Tuns. Das steht im Mittelpunkt. Damit wird die Äußere Form nicht nur weniger wichtig, sondern verliert letzten Endes völlig ihre Bedeutung (Fromm/Suzuki/de Martino 1971: 114).

Authentische Führung

Sprechen wir von Innerer Form als Basis authentischer Führung, so meinen wir nicht nur Qualifizierung. Uns geht es um eine umfassende Entwicklung des Managements im Sinne einer Entwicklung der Person.

Die eigentliche Herausforderung besteht darin, »… die neuen inhaltlichen Anforderungen des Wertewandels selbst in ganzheitlich wirksame Konzepte umzusetzen …« (Diers, Nölke, Vogt 2002: 23).
Es sind die Fragen der Entwicklung meines wahren Selbst zum ganzen Menschen als Schlüssel zum Erfolg und zum Glück.
Authentische Führung bedeutet Übereinstimmung der Äußeren und der Inneren Form, nur das macht mich letzten Endes überzeugend

Authentisch sein heißt nichts anderes als die Überein- stimmung der Äußeren und der Inneren Form.

und auch zufrieden.

Innere Form heißt Klarheit, Achtsamkeit, Kraft und Energie aus meiner eigenen inneren Ruhe und Gelassenheit, bedeutet Mut, Hingabe und vollkommene Aufrichtigkeit. Es bedeutet meine persönlichen Potenziale und mein wahres Selbst zu erkennen und verlangt nach »Konzentration auf das Wesentliche« (Zen-Institut 2002: 4).

Authentische Führung impliziert folglich das rechte Handeln auf der Basis dieser Inneren Form. Äußere und Innere Form sind verschieden, aber ergänzen einander zu e nem Ganzen: Äußere Form ist Organisation, sichtbare Gestalt, die stetige Wiederholung des Gleichen. Äußere Form ist immer wieder alt. Innere Form ist Orientierung, unsichtbar, ist Haltung im Einklang mit Gestalt. Innere Form ist immer wieder neu (Polenski 2002).

Konzentration auf das Wesentliche meint in diesem Zusammenhang den Fokus auf das, was ich im Moment tue, in meiner Wirklichkeit, als meine Aufgabe und meinen Weg.

Was wesentlich ist erkenne ich daran, dass es für mich in diesem Moment nichts Anderes gibt, was ich in meiner Wirklichkeit tun sollte! Wenn nur ein Gedanke da ist, dass es etwas Wichtigeres für mich gibt als das, was ich gerade tue, dann tue ich in diesem Moment nicht das Wesentliche! Dann fallen Gedanken und Handeln auseinander, dann bin ich nicht voll präsent und verschwende meine Zeit und vielleicht obendrein die der Anderen.

Wenn es aber das Wesentliche ist, dann sind Handeln und Denken eins, es gibt kein Denken hier und ein Handeln dort, sondern nur Handeln im Hier und Jetzt! (Deshimaru-Roshi 1994).

Um es vorwegzunehmen: Nicht planlosem Aktionismus oder operativer Hektik wollen wir das Wort reden, sondern der Kunst des vollen Bewusstseins und des vollen Einsatzes. Wenn es Ihnen darum geht, im Moment die Zukunft Ihres Unternehmens zu planen, dann planen Sie die Zukunft des Unternehmens – nichts Anderes und nur dies! Und wenn Sie neue Wege im Vertrieb finden möchten, dann finden Sie neue Wege im Vertrieb – hier und jetzt, und nichts Anderes! Und wenn Sie den Erfolg des Unternehmens messen, dann messen Sie den Erfolg des Unternehmens

– hier und jetzt, und nichts Anderes!

Auf die naheliegende Frage »Was ist der Weg?« antwortete Meister Lmmon einst: »Wenn ich esse, dann esse ich. Wenn ich gehe, dann gehe ich.« - Wenn Sie planen, dann planen Sie. Wenn Sie ein Mitarbeitergespräch führen, dann führen Sie ein Mitarbeitergespräch. Und wenn Sie nichts tun, dann tun Sie nichts. Und zwar hier und jetzt und auch dies präsent und mit Ihrem vollen Einsatz!

Sind auch Sie öfter zerstreut, wenn Sie z.B. ein Gespräch führen? Nehmen Sie noch ein Telefonat entgegen und unterschreiben Ihre Unterschriftenmappe? Das nennt man dann effizient. Und wenn Sie im Team-Meeting sind, darf die Assistentin bei einem wichtigen Anrufer stören? Das unterstreicht Ihre Wichtigkeit.

In der Äußeren Form haben Sie dafür Ihr Zeitmanagement perfektioniert.
Aber geht es wirklich um Zeitmanagement? Nein, es geht um Konzentration auf das

Wesentliche, um Achtsamkeit, auch um Vertrauen, vor allem in sich selbst und um den Mut zum Perspektivenwechsel (Wüthrich, Osmetz, Philipp 2002: 95). »Es handelt sich eben nicht darum, dass *etwas anderes gesehen* wird, sondern dass man es *anders sieht.*« (Suzuki 1976: 21).

Wir werden die Herausforderungen der nächsten Jahre nicht meistern, wenn wir als Gesellschaft, als Organisationen und als Manager nur einseitig weiter die Äußeren Formen verändern, Strategien, Strukturen und Prozesse anpassen und die Innere Form sträflich vernachlässigen. In der Äußeren Form gibt es keine dauerhafte und ausreichende Stabilität, gab es noch nie und wird es auch in Zukunft nicht geben; die Destabilisierung und Fragmentierung der Äußeren Form wird eher noch weiter zunehmen. Paradox ist dabei, dass je instabiler und weniger vorhersagbar und steuerbar die Situation ist, wir um so stärker die Stabilität im Äußeren suchen, was uns jedoch nicht gelingen kann.
Die einzige dauerhafte Stabilität kann nur durch die Entwicklung der Inneren Form

entstehen. Entwickeln Organisationen und Menschen nicht ihre Innere Form, werden auch in der Zukunft, sogar noch häufiger als bisher, Veränderungsprozesse scheitern.

Es geht »… nur über einen tiefgreifenden Veränderungsprozess im Denken und Handeln« (Diers, Nölke, Vogt 2002: 20).

Oder, um es zusammenfassend und nachhaltig auszudrücken:

Wir sollten nicht versuchen, diejenigen Vorgehensweisen in den Organisationen immer noch weiter zu optimieren, deren Versagen sich bereits als offensichtlich erwiesen hat! Eine Definition von Wahnsinn lautet bekanntlich, immer wieder das Gleiche zu tun und andere Ergebnisse zu erwarten.

Es wird daher wenig nützen, die alten Löcher immer noch tiefer zu graben; wir sollten stattdessen unverzüglich beginnen, an anderen Stellen, auf andere Weise neu zu starten.

Management wird in Zukunft nur erfolgreich sein, wenn es ihm gelingt, eine adäquate Innere Form zu entwickeln.

Spitzenmanager und Hochleistungsteams

Wenn wir heute im Sport ohne weiteres akzeptieren, dass ohne die Innere Form kein Spitzensport und auch kein Hochleistungsteam möglich sind, sollten wir dies auch auf das Management, auf Teams und auf Organisationen übertragen.

Die »Erfolge der DSV-Staffeln resultieren aus neuem Zusammengehörigkeitsgefühl. Wir respektieren jetzt einander« ... »Wir und ich sind vorsichtiger geworden, jeder respektiert den anderen, wie er ist« ... »Wo früher 'endloses Gekeife' angesagt war, ist eine professionelle Kooperation entstanden« (o.V. 2002a: 24).
Schwimmen können alle, auch die Mitbewerber, die Äußere Form macht nicht den entscheidenden Unterschied. Den macht die Innere Form des Teams.
Und die Einstellung und Haltung des Einzelnen. »Bis Stockbauer als Dritte ins Wasser ging, lag van Almsick ... noch an Land und meditierte seelenruhig hinter dem Startblock« (o.V. 2002b: 23). Ohne das Team und den Team-

geist, so die fünffache Goldmedaillengewin-
nerin Franziska van Almsick in einem Interview,
wäre dieser sensationelle Erfolge nicht möglich
gewesen.

Was von den Sportlern beschrieben wird,
ist Achtsamkeit, vor allem gegenüber der
Unterschiedlichkeit des Anderen, ist innere
Klarheit und Ruhe, ist Haltung, ist Einstellung
– erwachsen aus einem »endlosen Gekeife«,
dem »Kleinkrieg« der Olympischen Spiele in
Sidney 2000, einem Mangel an Innerer Form.
Die dortigen, im Verhältnis zur Erwartungshal-
tung ernüchternden Ergebnisse sind hinläng-
lich bekannt!
Ein Manager, »fertigungstechnisch« noch so
qualifiziert, oder ein Team, handwerklich, phy-
sisch und »datenverarbeitungstechnisch« mit
allem ausgestattet, kann auf Dauer ohne die
notwendige Innere Form nie ein Spitzenmanager bzw. ein Hochleistungsteam werden.
»Jede umwälzende Veränderung ... fordert
eine ebenso umwälzende Entwicklung der inneren Haltung der Menschen« (Diers, Nölke,
Vogt 2002: 21) und: »Wirklicher Wandel findet
im Inneren statt« (Dalai Lama 2002: 57).

> **»Geh in deinen eigenen Grund, inwendig im Inneren der Seele, das ist dein Leben und da allein bist du.«**
>
> *Meister Eckhart*
> *Deutscher Mystiker*

Wege zur Inneren Form
Zwei Wege, ein Ziel

- Mystik – der westliche Weg

- Zen – der östliche Weg

Mystik - der westliche Weg

Die Mystiker des Mittelalters:
Einheit des Ganzen

Der Weg der westlichen Mystik ist ein Beispiel für die Entwicklung der Inneren Form.

Als Einheit des Ganzen, so lässt sich das Weltbild beschreiben, dessen Rahmen durch die scholastische Auffassung der mittelalterlichen Kirche gesteckt war. Glaube und Vernunft widersprachen einander nicht. Der Weg des Verstandes (logos) und der Weg der Kontemplation (mystikon) bildeten eine Einheit. Der Betrachtung der Dinge, der vita contemplativa, wurde eine mindestens eben so hohe Bedeutung zugewiesen wie dem Tätigsein, der vita activa. Ein holistisches Denken, die unio mystica, mit einem Grundverständnis von der Einheit allen Seins, der gegenseitigen Entsprechung aller Dinge, ausgedrückt im Osten durch das TAO, war in der Blütezeit der europäischen Mystik im 12. und 13. Jahrhundert auch im Westen sehr stark vertreten.

Die praktische philosophia perennis, des Zeitlosen, des Absoluten, des nicht Relativen, die bereits bei den Vorsokratikern (Pythagoras, Plotin u.a.) und in der Folge bei Platon im Mittelpunkt stand, wurde durch die Mystiker des Mittelalters, wie Meister Eckhart, Johannes Tauler, Jakob Böhme, Nikolaus von Kues, Teresa von Avila u.a. aufgegriffen und zu einer neuen Blüte geführt. Die Erfahrung der Mystiker, die sapientia (Weisheit), ging weit über das rein Abstrakte und Dialektische der scientia (Wissen) der Scholastik hinaus. Die Scholastik baute zur gleichen Zeit basierend auf dem dualistischen Erbe des Aristoteles, durch Peter Abaelard, Anselm von Canterbury und Thomas von Aquin die bis dato höchste Form der logischen Disputation weiter aus. Niemand formulierte dies so brilliant wie Abaelard in der »Fels der Logik«. Hier eine kleine Kostprobe:

»Wenn es z.B. keine einzige Rose mehr auf dieser Welt gäbe, würde der Begriff der Rose nach wie vor eine Bedeutung besitzen, auch wenn es nichts mehr gäbe, was dadurch bezeichnet würde. Sonst könnte die Behauptung, dass es keine Rose gibt, keine Bedeutung haben.«

Diesen dialektischen Verifizierungsversuchen stand bei den Mystikern die innere Erfahrung entgegen, die den Rat Augustinus, »nicht nach außen zu gehen, sondern die Wahrheit im Inneren zu suchen«, befolgten. Denn »im Inneren wohnt die Wahrheit« (Augustinus in: Bütler 1992).

Diese innere Erfahrung – Johannes Tauler spricht hier vom »innwendigen Menschen« (Tauler 1998: 7) – war für die Mystiker die höchste Form der Erfahrung, die rationale Erkenntnis nicht negierte, aber in ihrem Erkenntniswert, in der Tiefe und Nachhaltigkeit transzendierte, also weit über das rein mit den Sinnen Erfassbare hinausging. »Die mystische Schau nach innen ist die höchste Form der Erkenntnis« stand für von Kues fest (Ruh 1996), es ist die coincidentia oppositorum, in der alle vordergründigen Gegensätze zusammenfallen, eine zeitlose Wahrheit, von welcher der indische Weise Vivekananda sagte: » ... die keiner äußeren Stärke bedarf« (Bütler 1992: 284). Eine Erfahrung des totum in parte (des Ganzen im Teil), die keine Theorie oder kanonische Schriften benötigt, sondern im Gegenteil die Erkenntnis aus der leidenschaftslosen Innenschau schöpft. Der Begriff der Mystik selbst stammt wahrscheinlich von Dionysius, ca. 500 n. Chr. und bedeutet griechisch myein, soviel wie »die Augen, Ohren und den Mund verschließen, schweigen« (Leider 2000: 9).

Der Ort des Mystikers ist das Innen, so Johannes Tauler: »... verbleibe bei dir selbst, entfliehe nicht nach außen. (...) So laufen denn manche Menschen nach draußen und suchen ständig etwas anderes, womit sie der Bedrängnis entkommen wollen. Das ist schädlich« (Tauler 1998: 113). Der Weg in das Innere ist die Meditation, das silent um mysticum, das Schweigen, dem Meister Eckhart einen enorm hohen Stellenwert beimaß. Meister Eckhart als Dominikanermönch (1260-1328) betonte immer wieder, dass das Beste, wozu man im Leben kommen kann, »... ist, wenn man schweigt« (Meister Eckhar 1993). Er war es auch, der in seinen Schriften, vor allem in seinen Deutschen Predigten auf den außergewöhnlichen Wert dieser inneren Erfahrung, auf die Kunst des Lauschens, des in Beziehung sein zu sich selbst, wortgewaltig hinwies. Damit geriet er in Opposition zu den Offiziellen, da er erkannte, dass der Weg nach Innen keinen Führer von außen benötigt. Nach seinem Tod wurden 1329 in der Bulle »agro dominico« 17 seiner Thesen verurteilt. Die Aussage Eckharts verdichtet die Erfahrung aller Mystiker: »Könntet ihr mit meinem Herzen denken, ihr verstündet wohl, was ich sage« (Leider 2000: 19).

Im Mittelalter war man sich in Europa in den Kreisen der Mystiker dieser Erfahrung noch bewusst, welche »die Nebel der Ratio durchstieß« (Dürckheim 2001a: 18); einer Erfahrung, die Kraft aus der Stille schöpfte, in einer Zeit, in der die Poesie des Nichtdefinierten und Nichtausgesprochenen noch galt und die weder Trennung noch Abspaltung kannte. Das änderte sich dann allerdings sehr rasch.

Getrennte Wege: Der Fall aus der Mitte
Mitte des 16. Jahrhunderts begann dann ein Prozess, der das Weltbild des Westens bis in das 20. Jahrhundert hinein entscheidend prägte und immer noch prägt. Die Art unseres heutigen Denkens und die Ergebnisse

unseres Handelns sind das Produkt des dort beginnenden neuen Denkens, ausgelöst durch die Kopernikanische Revolution.

In Anlehnung an Marilyn Ferguson kann man sagen: »Der Westen begann die Bäume zu zählen, während der Osten weiter über den Wald meditierte« (Ferguson 1985). Der Fluss der Erkenntnis teilte sich. Das neue, durch Kopernikus entstandene Weltbild verdrängte nicht nur die Erde schlagartig aus dem Mittelpunkt des Universums und kippte damit das ptolemäische Weltbild, nein, die neue Wissenschaft des experimentellen Vorgehens und einer präzisen mathematischen Gesetzesmäßigkeit leitete die Verbannung alles Subjektiven und damit auch den Niedergang der europäischen Mystik endgültig ein. Die kontemplative Innenschau, über Jahrhunderte fester Bestandteil auch der westlichen Kulturkreise, fiel diesem Prozess radikal zum Opfer.

Die Aufklärung führte in der Folge – und dies ist der positive Aspekt der Entwicklung – zu dem enormen Aufschwung technischer und wirtschaftlicher Art, der das heutige Bild der westlichen modernen Welt prägt. Die Errungenschaften des Westens wären ohne diesen Prozess wahrscheinlich so nie zustande gekommen. Das, was wir erreicht haben, verdanken wir ganz wesentlich dieser Entwicklung. Die Kehrseite der Medaille war ein »aus der Mitte gehen« zugunsten der einen, der Äußeren Form. Hier glaubte man, das Wahre, das Heilbringende der Zukunft zu sehen.

Francis Bacon drückte dies im Novum Organum 1620 so aus: »Spanne die Natur auf die Folter, bis sie ihre Geheimnisse preis gibt.« Der Rationalismus setzte seinen Siegeszug fort. Descartes vollzog die Trennung zwischen res cogitans und res extensa, zwischen Geist und Materie. Dies war ein radikaler Schnitt. Von hier aus nahm, wie der Physiker Wolfgang Pauli es ausdrückte, »die spätere nüchterne Betrachtungsweise« (Dürr 1988: 200) ihren Lauf. Die Einheit ging verloren.
Fortan galt nur noch mathematisches Wissen als gesichertes Wissen. Newton machte im folgenden Descartes praktikabel, indem er

den gedanklichen Rahmen, den Descartes schuf, mit Leben füllte und eine vollständige, geschlossene mathematische Theorie der Welt in seinem Werk Princip a beschrieb.

Das Quartett der rationalen Vernunft, Galilei, Bacon, Descartes und Newton, erklärte sozusagen das Denken des Mittelalters und damit auch die Mystik für beendet

Spätestens ab dem 16. Jahrhundert war die Regieanweisung für die nächsten Jahrhunderte geschrieben. Der Mensch wurde als aus seiner »Unwissenheit« und »mystischen Phantastereien befreit« gesehen.

Der französische Philosoph August Comte drückte es im 18. Jahrhundert so aus: »... erkennen, um vorhersehen zu können, vorhersehen, um beherrschen zu können.«

Der Reduktionismus dieser Zeit gipfelte schließlich im 19. Jahrhundert in der Behauptung von Pierre Laplace, man werde eine Formel ableiten, die imstande sei, alles, sprich die Welt, zu erklären.

Die Zweckrationalität (Max Weber) hatte endgültig die Werterationalität des Mittelalters verdrängt, wenngleich vieles unter diesem »Keulenschlag der Wissenschaft« (Reijen in Loo/Reijen 1997) in Trümmer ging.

Wie bereits erwähnt geht es uns hier um die Frage der Einseitigkeit der Entwicklung, dem Verlust der Mitte mit allen Konsequenzen und dem Preis, den wir dafür entrichten.

Gezeitenwechsel: Halbzeit der Erkenntnis
Dass diese scheinbar objektive Sichtweise, die dem Subjektiven, der Innenschau, keinerlei Raum mehr bot, nur die Halbzeit der Erkenntnis war, wissen wir bereits seit Kant, der erklärte, dass es nicht möglich sei, eine vom Erlebenden unabhängige Welt objektiv zu erkennen. Spätestens seit der durch Werner Heisenberg und Niels Bohr in der Kopenhagener Deutung formulierten Unschärferelation, kippte dann endgültig die Vorstellung einer vollständig deterministischen, vorhersagbaren objektiven »Maschine Welt«. Je tiefer man zum Beispiel in die Natur des Atoms eindrang, desto unwahrscheinlicher wurde eine exakte Messung und Bestimmung (ausgedrückt im sog. Welle-Teilchen-Paradoxon).

Der cartesianische Traum, eine vom Beobachter unabhängig existierende Welt von Objekten anzunehmen, war ausgeträumt; der Laplace'sche Dämon verbannt, und die vollständige Prognostizierbarkeit, Steuerbarkeit und Machbarkeit aller Dinge erwiesen sich als die eigentlich wirkliche Illusion.

Leider hat sich diese Erkenntnis anscheinend bis heute noch nicht überall herumgesprochen.

Der Osten ist diesen Weg in der radikalen Konsequenz und Ausschließlichkeit so nie gegangen.

So überrascht es auch nicht, dass wir heutzutage zu Einsichten gelangen, die vor Hunderten oder gar Tausenden von Jahren bereits durch die »Mystiker« des Ostens, natürlich nicht in der modernen Sprache der heutigen Wissenschaft, »erfahren« wurden; oder dass allen voran die theoretische Physik und die Bewusstseinsforschung »Anleihen« im Denkgebäude des Ostens (z.B. Fritjof Capra) machen und im Kern Gemeinsamkeiten entdecken. Die Mystiker des Westens und des Ostens sind den Astrophysikern unserer Zeit näher, als wir dies auf den ersten Blick vermuten.

Dazu einige Beispiele, die dies verdeutlichen. John Davidson, theoretischer Physiker in Cambridge, beschreibt in seinem Buch *Das Geheimnis des Vakuums* »... die neue Physik aus mystischer Sicht«. In ihrem Buch *Quantum und Lotus* diskutieren zwei hochkarätige Denker, der vietnamesische Astrophysiker Xuan Thuan Trinh und der französische Buddhist Matthieu Ricard, über die Schnittstellen des Bewusstseins. Peter Russel, Physiker und Psychologe in Cambridge, beschreibt in *Quarks, Quanten und Satori* die Begegnung von Mystik und Wissenschaft, und Francisco Varela, weltweit einer der führenden Forscher im Bereich der Biologie und Systemwissenschaften, schreibt über die Bedeutung des holistischen Weltbildes der buddhistischen Philosophie: »... die hier dargestellten tiefgründigen Erkenntnisse sind für das moderne wissenschaftliche Denken von größter Relevanz« (Chang 1989). Ervin Laszlo, einer der bedeutendsten Systemwissenschaftler (Ken Wilber bezeichnet ihn gar als Genie des Systemdenkens), sagt: »... sie täten besser daran, einen Metaphysiker oder einen Mystiker zu fragen« (Laszlo 2002: 13).

Die Legitimation des westlichen Menschen, seine Identität, ergibt sich heute aus der Ratio der Aufklärung und dem Primat des Handelns. Genau diese Einseitigkeit, die sich zunehmend in einer diffusen Einsamkeit des Einzelnen und der Suche nach dem Verlorengegangenen zeigt, gilt es zu überwinden. Die Täuschung, von der Wittgenstein in seinem *Tractatus logico philosophicus* sagte, »dass sie der ganzen modernen Weltanschauung zugrunde liegt«, gilt es zu erkennen (Bütler 1992: 15). Wir müssen den Blick hinter den Spiegel wagen.

Wir wollen nicht das eine zum Nachteil des anderen ausschließen, vielmehr soll der Balance beider Aspekte unser ganzes Bemühen gelten.

Zen – der östliche Weg

Ein sehr erfolgreicher, vor 2600 Jahren be-
gonnener Weg zur Entwicklung der Inneren
Form ist Zen in seiner heutigen Ausprägung.

Was ist Zen?
Zen ist zunächst nichts, worüber man reden
könnte.
Zur Demonstration möchten wir zwei japani-
sche Antworten anbieten.

Ein japanischer Zen-Meister, ein Roshi, wurde
eingeladen, vor einer großen Versammlung
über das Wesen des Zen zu sprechen. Als er
an der Reihe war, ging er gemessenen Schrittes zum Rednerpult: »Meine sehr verehrten
Damen und Herren, ich danke Ihnen für die
Einladung, zu Ihnen über das Wesen des Zen
zu sprechen.« – Dann schwieg er einige
Minuten und endete: »Meine Damen und
Herren, ich danke Ihnen für Ihre Aufmerksamkeit!« und verließ gemessenen Schrittes
das Rednerpult.

Rinzai, ebenfalls Zen-Meister, befand sich

einst auf dem Weg zum Kloster, als er auf einer Brücke über eine tiefe Sch ucht zwei Mönche traf. Ihn erkennend fragte einer der beiden: »Meister, was ist das Wesen des Zen?« Daraufhin packte der sehr kräftige Meister den Mönch und hielt ihn einige Zeit über den Rand der Brücke, zw schen Leben und Tod. Zurückgeholt fragte der am ganzen Körper zitternde Mönch: »Meister, warum?« Daraufhin Meister Rinzai: »Auf eine gefährliche Frage bekommt man eine gefährliche Antwort!«

Nun, das ist für uns kogn tiv veranlagte und definitorisch geschulte Europäer unbefriedigend, die erste Antwort vermutlich noch mehr als die zweite. Aber es verdeutlicht eines:
Zen (japanisch für »Versenkung«) ist einer Definition nur schwer zugäng ich. Es ist zunächst eine Sache der unmittelbaren und persönlichen Erfahrung.
»Jemand, der die Wahrheit lehrt, die von Buchstaben abhängig ist, der ist ein Schwätzer, weil die Wahrheit jenseits der Buchstaben liegt. Worte sind nicht die höchste Realität« (Lankavatara Sutra 1996: 11). Gleiches drückt

auch Augustinus aus: »Wenn mich niemand danach fragt, weiß ich es, will ich es aber dem Fragenden auseinander setzen, so weiß ich es nicht« (Augustinus 2001). Dieses Zitat drückt die Schwierigkeit aus, Unbeschreibbares zu beschreiben; das gilt für die Erfahrungen des Augustinus im 4. Jahrhundert ebenso wie für das heutige Zen.

Nehmen Sie den Fall, Sie sollten einem Bekannten Ihre Eindrücke schildern, die Sie im Fußballstadion, bei einem Konzertbesuch oder einer Vernissage gemacht haben, und dieser Bekannte hat dieses Erlebnis noch nicht gehabt, und selbst wenn: Es wird Ihnen nie gelingen, Ihre Eindrücke und Erfahrungen so zu schildern, dass der andere auch nur ansatzweise die Fülle dessen, was Sie persönlich erlebt haben, nachvollziehen kann.

Insofern gilt der Wittgensteinsche Satz »Die Grenzen meiner Sprache sind die Grenzen meiner Welt« nur bedingt. Die erfahrbare Welt, die Innere Form ist durch Sprache nie vollständig beschreibbar, geschweige denn übermittelbar.

Um einen Apfel zu schmecken, muss man in ihn hineinbeißen; es genügt keineswegs, die Kochbücher zu studieren oder die Speisekarte auswendig zu lernen, um zu wissen, wie ein Menü schmeckt. Das durch Kochbuchstudium erhaltene Wissen ist reines Faktenwissen, keine Erfahrung.

Zen aber ist reine Erfahrung. »Im Kern ist Zen die Kunst, in die Natur seines wahren Selbst zu blicken« (Suzuki 1976). Es geht um Momente des unmittelbaren Erlebens. Zen bietet keine Second-Hand-Wirklichkeiten, sondern Erfahrungen pur.

Wir können Ihnen hier eine Landkarte anbieten, quasi einen Reiseführer, nicht aber die Erfahrung des Weges, nicht die zentralen Eindrücke der persönlichen Reise.

Der Weg des Zen ist der alltägliche Weg, nichts Außergewöhnliches, nichts Abgehobenes. Nicht in der Abgeschiedenheit von Klostermauern, nicht im Entsagen von der »ach so bösen und schnöden Welt«, nicht im Aussteigen oder in der gedanklichen Flucht in

Theorien, nein, das alles ist nicht der Weg des Zen. Zen ist nicht über der Welt oder jenseits der Welt. Der Zen-Weg ist mitten drin zu sein, im Leben, im Alltag, unmittelbar ... . »Den Alltag leben als Übung und zwar als Übung zur weltlichen Leistung, die zugleich Übung auf dem inneren Weg ist« (Dürckheim 2001a: 13).

Meister Ummon wurde einmal von einem Schüler gefragt: »Meister, zeige mir den Weg zur Wahrheit.«

Ummon antwortete: »Suppe holen, Reis essen.«

In diesem Sinne verstehen wir Zen als eine Form der *mentalen, der inneren Entwicklung*, oder, um in unserer bisherigen Diktion zu bleiben:

Zen ist ein Weg zur Entwicklung der Inneren Form (Dürckheim).

Wie die Entwicklung der Inneren Form praktisch funktioniert und welche Methoden dabei angewendet werden, darauf werden wir in den nächsten Kapiteln eingehen. Zum weiteren Verständnis und zur Vertiefung zunächst jedoch eine kurze Geschichte des Zen.

Der Weg des Zen in den Osten
Die Wurzeln des Zen reichen bis ins Indien des historischen Buddha zurück und speisen sich aus Elementen der Yogacara Schule und des Mahayana Buddhismus. Anfang des 6. Jahrhunderts gelangte es durch Bodhidharma, den 28. Patriarchen des Buddhismus und den 1. Patriarchen des Zen, von Indien nach Südchina. Die Form des Zen, die er praktizierte, war noch sehr stark dem indischen Buddhismus verpflichtet.

Der Weg des Zen im Osten
Die große Zeit des Zen, oder Chan, wie es damals in China noch hieß, begann mit dem eigentlichen Gründer des Zen und 6. Patriarchen, Hui neng, im 7. Jahrhundert. Er prägte das Zen und formte es in seiner typischen bodenständigen, zum Teil derben, humorvoll direkten Art aus und befreite es von allzu viel »Schriftgelehrtheit« seiner indischen Vorläufer. Hierzu ein Beispiel:
»Was bedeutet 'Alle Dinge sind nichts

anderes als die Buddha-Lehre'?«

Darauf der Meister: »Die alten Weiber aus einem Dreihäuserkaff überfüllen die Straßenkreuzung in der Stadt. Verstehst Du?«

»Nein.«

Der Meister: »Bist nicht der Einzige; es gibt da noch einen ganz anderen, der das nicht kapiert!« (Yunmen 1974: 111).

In der Folge blühte das Zen über Jahrhunderte im Reich der Mitte. Viele große Zen-Meister gaben ihm seine typische chinesische Gestalt.

Hierzu zählt Joshu, laut Hinnerk Polenski ein »Gigant« unter den Zen-Meistern, mit seiner Aussage »Der alltägliche Weg ist der Weg«. Ferner Pai Chang (jap. Ekai) und dessen Schüler Huang-po ebenso wie Meister Sosan, dem wir mit seinem *Shinjinmei* den ältesten überlieferten Text des Zen verdanken. Sie haben allesamt in dieser Zeit entscheidend zur Ausprägung des Zen beigetragen.

Im 9. Jahrhundert entwickelte Rinzai Gigen eine bedeutende Linie des Zen, das Rinzai

Zen, das ebenso wie das Soto Zen von Dogen Zenji im 12. und 13. Jahrhundert nach Japan gelangte. Hier erreichte das Zen eine neue Blüte, wurde von den Samurai, der Kriegerklasse Japans, »geadelt« und ist in der japanischen Gesellschaft, in der Kultur und den Künsten fest verankert. Das Geheimnis der japanischen Kultur ist, nach D.T. Suzuki, das Geheimnis des Zen. Im 18. Jahrhundert reformierte Hakuin-Zenji das Rinzai Zen, befreite es von einigem Ballast, betonte die Wichtigkeit der Praxis und gab ihm die Bedeutung und die Form, in der es bis heute besteht.

Der Weg des Zen in den Westen

Im 20. Jahrhundert schließlich gelangte das Zen in den Westen. Zwei Suzukis haben dazu ganz entscheidend beigetragen. Shunryu Suzuki, vielleicht der größte Zen-Meister unseres Jahrhunderts, gründete in den 60er Jahren in San Francisco ein berühmtes Zen-Kloster. Daisetz T. Suzuki lehrte an der Yale und Columbia University und lebte fast 40 Jahre in den USA. Er beeinflusste unter anderen C.G. Jung, Martin Heidegger, Arnold J. Toynbee und Erich Fromm.

Daneben sind für diesen Weg in den Westen noch zu nennen Taisen Deshimaru-Roshi und, insbesondere im deutschsprachigen Raum und beide mit christlichem Hintergrund, Karlfried Graf Dürckheim und Hugo M. Enomiya-Lassalle.

Dürckheim, stark beeinflusst u.a. durch Meister Eckhart, hob in al seinen Werken immer wieder Gemeinsamkeiten beider Wege, der westlichen Mystik und des östlichen Zen, hervor.

Lassalle, Jesuit und Zen-Lehrer, Deutscher von Geburt und japanischer Staatsbürger, übertrug die Zen-Meditation auf das Christentum (Baatz 1998) und gilt als »lebendige Brücke« zwischen den Kulturen Europas und Japans.

»Die Zeit ist nicht schuld, sondern der Mangel an stetiger Übung.«

Tsunetomo Yamamoto
Japanischer Samurai

Vom Bushido zur Inneren Form
Samurai und Manager

- Der Weg des Samurai

- Die drei Säulen des Samurai

- Zen und Mystik

- Der Zugang zur Inneren Form

Der Weg des Samurai

Was haben ein Samurai des mittelalterlichen Japans, sein Weg des Bushido als Weg des Kriegers und ein Manager in unserer heutigen Zeit gemeinsam? Eigentlich nicht viel, werden Sie sagen.

Alle, die den Film *Shogun* gesehen bzw. das gleichnamige Buch von J. Clavell gelesen haben, werden das bestätigen. Samurai waren in erster Linie Elitekrieger vor mehreren Hunderten von Jahren, in einer für uns fremden Kultur, mit fremden Sitten, recht eigenartigen Gebräuchen. In zum Teil monströsen und farbenfrohen Rüstungen und als Hauptwaffe ein extrem scharfes Schwert, das Katana, zu dem sie auch noch eine tiefe und innige Beziehung aufbauten; Menschen, die aus für uns Europäer nicht nachvollziehbaren Gründen Seppuku, den traditionellen Selbstmord, oft auf Befehl ihres Herrn begingen, die scheinbar Widersprüchliches taten, blutige Schlachten schlugen und sich gleichzeitig den traditionellen Künsten Japans hingaben wie dem Chado, der japanischen Teezeremonie, oder dem Ikebana, der Blumensteckkunst. Menschen, die Haiku's, poetische Verse, dichteten, so zum Beispiel Basho angesichts des *Schlachtfeldes von Sekigahara*:

> »Sommergras im Wind –
> Letzte Spur des Lebenstraums
> manchen Kriegersmanns!«

Und das alles mit der gleichen Hingabe, mit der sie in blutigen Schlachten kämpften.

Das hat – werden Sie sagen – mit modernen Managern und Führungskräften unserer Tage ja nun in der Tat nicht viel zu tun. Es gibt wohl mehr Trennendes als Verbindendes zwischen diesen beiden Gruppen.

Die Wirtschaft ist kein Krieg und Unternehmen sind keine Schlachtfelder. Im Krieg herrschen andere Ziele und Gesetzmäßigkeiten als im Konkurrenzkampf der Firmen, auch wenn immer wieder gerne Vergleiche dieser beiden Systeme angestellt werden. Manager sind weder mit Schwertern bewaffnet, noch unterliegen sie dem strengen Ehrenkodex, dem sich die Samurai unterworfen hatten, auch wenn sich mitunter in Organisationen durchaus sehr strenge Regeln für das Miteinander, genauer gesagt für das Über- und Untereinander, finden. Auch die Beschäftigung mit den »schönen Künsten« gehört nicht gerade zur Hauptbeschäftigung heutiger Manager. Rilke, Hölderlin und Co. stehen eher selten auf deren Agenda. Und Manager in der heutigen Zeit zu sein, bedeutet in einer extrem schnelllebigen Zeit zu handeln.

So weit zu den Unterschieden. Sieht man auf die beiden Gruppen jedoch nicht nur oberflächlich, ergeben sich auf den zweiten Blick eine Reihe von Gemeinsamkeiten, die eine nähere Betrachtung sinnvoll machen.

Die Blütezeit der Samurai war nicht nur ein extrem blutiger Abschnitt in der japanischen Geschichte, sondern darüber hinaus von großer Turbulenz und radikalen Umbrüchen gekennzeichnet.

Im Inneren des Landes herrschte extreme Instabilität. Anhaltende Machtkämpfe zwischen dem Kaiserhaus und den Shogunen sowie permanente Richtungswechsel der Shogune und Daimyos (Feudalherren) untereinander kennzeichneten diese höchst unruhige Epoche. Sie war geprägt von feindlichen Übernahmen, Fusionen von Herrscherhäusern, der Vereinnahmung von Ländereien und Besitztümern, stetem Wechsel in den Machtverhältnissen, von heftigen internen Auseinandersetzungen um die Gunst des Fürsten und die Rangfolge bei Hofe, von Intrigen und Machtspielen, und dies in fast ständig wechselnden Konstellationen. Alles Ereignisse und Mechanismen, die uns in unserer Zeit nicht ganz unbekannt sind.

Das Überleben der Samurai war eine existenzielle, allgegenwärtige Frage:
Sie mussten entschlossen agieren, blitzschnell und ohne Zögern, kraftvoll und konzentriert zugleich handeln.
Unentschlossenheit, fehlende Konzentration, mangelnde Beherrschung der Waffen oder falsche Einschätzungen in Bezug auf den Gegner und die Situation hatten meist tödliche Konsequenzen.

Die alltäglichen Fragen waren auf den Punkt gebracht:

- Wie kann ich siegreich sein?
- Wie kann ich der Stärkste und Mächtigste sein?
- Wie kann ich am besten meiner Aufgabe, meinem Leben und mir gerecht werden?

Aber auf der schon skizzierten Grundlage: »Wie kann man seinen Geist erhellen, sein Verhalten lenken, wie kann man wahrhaft weise werden?« Kurz: »Womit kann man gleichzeitig stark und weise werden?« (Deshimaru-Roshi 1994: 21).

Auch Manager müssen dauerhaft erfolgreich sein, sich als Führungskräfte positionieren. Dazu benötigen sie, den Samurai ganz ähnlich, innere Kraft (Führungs-Kraft), Konzentration, Ausdauer, Klarheit, Mut, Intuition und das richtige Bewusstsein. Mangelt es an Harmonie und Balance, werden auch sie nicht auf Dauer erfolgreich sein können:

- Mut ohne Bewusstsein führt zu unreflektiertem Handeln.
- Bewusstsein ohne Vertrauen führt nicht zu entschlossenem Handeln.

- Vertrauen ohne Kraft verhindert die konsequente Umsetzung.
- Kraft ohne Konzentration führt zu Verzettelung.
- Konzentration ohne Ausdauer ist wie Strohfeuer und lässt den Mut sinken.

Nehmen wir als Beispiel eine Angebotspräsentation bei einem Kunden. Hier haben Sie in der Regel nur einmal die Gelegenheit sich zu positionieren. Um erfolgreich zu sein, müssen Sie Ihre Instrumente beherrschen. Sie müssen konzentriert in die Präsentation gehen, nicht abgelenkt, offen sein für das, was an Signalen gesendet wird, jederzeit in der Lage, die Situation richtig einzuschätzen, um das Richtige zu tun.

Sie müssen ein Gefühl dafür entwickeln, wo es notwendig ist zu verlangsamen, wo zu beschleunigen. Sie müssen schlagartig das »Potenzial des Augenblicks« erfassen. Alles, was davor und danach ist, spielt in diesem Moment keine Rolle. Nur die umfassende Präsenz in der aktuellen Situation entscheidet über Erfolg oder Misserfolg. »Das richtige

Handeln im Potenzial des Augenblicks« (Polenski 2002) beherrscht, wer sein Gegenüber ebenso gut erkennt wie sich selbst, wer ein noch so detailliert im Vorfeld ausgearbeitetes Konzept loslassen und aufgeben kann, wenn die Situation dies erfordert.

Also finden wir doch viel mehr Gemeinsamkeiten zwischen Samurai und Managern als ursprünglich angenommen. Weshalb nun aber haben die Samurai des alten Japan Zen praktiziert?

Als Zen im 12. Jahrhundert seinen Weg von China nach Japan fand, erkannten die Samurai sofort die praktische Nützlichkeit des Zen für ihre Aufgabe. Durch das Zazen, die praktische Umsetzung, das Sitzen in der Stille, die Meditation, konnten sie systematisch ihre überlebensnotwendigen Fähigkeiten und sich selbst verbessern.

Die drei Säulen des Samurai

In den Kampfkünsten der Samurai gibt es drei Säulen (vgl. zum Folgenden Deshimaru-Roshi 1994), die als eine Einheit betrachtet werden und die nur als diese vollkommene Einheit die rechte Handlung ermöglichen.

Erste Säule: Techniken und Fertigkeiten im Umgang mit Waffen

Das Selbstverständnis des Samurai verlangt von ihm stetes Training an den Waffen, mit eiserner Disziplin, Zähigkeit und Geduld, immer und immer wieder. Er ist sich dabei stets bewusst, dass er erst dadurch überhaupt die Chance erhält auf eine Meisterschaft in der Kampfkunst.

Von einem der berühmtesten Baseballspieler in den USA erzählte sein damals neuer Trainer einmal folgende Geschichte:
»Wir hatten unser erstes Training beendet, und alle Spieler gingen in die Kabine – bis auf einen. Der ging noch einmal auf das Feld, und ich sah ihn einen Wurf üben, immer wieder und immer wieder den gleichen Wurf. Ich

>>Wenn die Techniken, die Energie und die Haltung des Bewusstseins keine Einheit bilden, kann es auch keine rechte Handlung geben.<<

Taisen Deshimaru-Roshi
Japanisch-Europäischer Zen-Meister

dachte, es wäre noch einer von unseren Youngsters, der noch eine zusätzliche Trainingseinheit machte. Aber als ich näher kam, sah ich, es war Babe .. «.

Darum geht es! Immer und immer wieder die Techniken zu vervollkommnen: Ich bin ein übender Meister! Ganz im Sinne der ersten Säule des Samurai.

Nicht in einem stumpfsinnigen Drill, sondern, wie zum Beispiel beim Autofahren, zum Zweck der Beherrschung von Äußeren Formen mit einer Selbstverständlichkeit, die im Falle einer Gefahrensituation, z. B. eines drohenden Unfalls, mich instinktiv das Richtige machen lassen, ohne Vor- und Nachdenken und ohne Überlegungen.

Zweite Säule: Energie, Kraft und Konzentration
Stets soll ein Samurai mit seiner ganzen Energie handeln, seiner ganzen Kraft und Konzentration, im Hier und Jetzt der Situation, im Umgang mit sich und dem Gegner. Wenn er nur ein wenig Energie zurückhält, wird er den

Kampf verlieren. Wenn Sie eine Sache halb-
herzig angehen, wird sie nicht wirklich
gelingen.

**Dritte Säule: Bewusstsein, Intuition und
Achtsamkeit**

Sie ist in den Kampfkünsten das Entscheidende. Die Einstellung des Samurai bestimmt
den Ausgang des Kampfes, in den er sich be-
gibt. Sein Wille zu siegen, seine Überzeugung
und sein Vertrauen in sich und seine eigenen
Fertigkeiten lassen ihn die Chance des Augenblicks erkennen und ihn situationsgerecht
handeln.

Intuition, Intention und Aktion müssen in Einklang miteinander stehen und im gleichen
Moment erfolgen. Sorgen Sie dafür, dass Sie
sich durch nichts ablenken lassen! Weder
durch Gedanken an gestern, noch durch
Sorgen von morgen.

»Werde ich durch Zen ein besserer Samurai?«
war die zentrale Frage in der Beschäftigung
mit Zen. Bushido, der Weg des Kriegers und
die Kunst des Kampfes, war in dieser frühen
Auseinandersetzung der Samurai mit dem

Zen zunächst ein rein funktionales, auf die Anwendung bezogenes Zen, das sogenannte Bonpu-Zen.

Erst die Weiterentwicklung des Zen führte zu den insgesamt drei Grundausrichtungen, nach denen sich Zen praktizieren lässt.

Neben das funktionale Bonpu-Zen traten Genpo-Zen und Daijo-Zen. Im Genpo-Zen erkunden Sie Ihre eigene Persönlichkeit und Ihren eigenen Weg, Im Mittelpunkt der Übung steht die Frage: Wo liegen meine Potenziale? Beim Daijo-Zen, dem offenen Weg, frei und ohne Bedingtheiten begeben Sie sich hingegen mehr auf die Suche nach der Natur Ihres Seins, Ihres wahren Selbst (Zen-Institut 2002: 9).

Zen und Mystik

Innerliche versus Innere Form

Wir hatten in der Einführung davon gesprochen, im Zen einen für Europäer leichter zugänglichen Weg zu finden, einen Weg des Zen im Westen. Bevor wir die Parallelen zwischen Zen und Mystik darlegen, möchten

»Wenn der Geist ruhig ist, ist das ganze Leben wahr.«

Goto Yuko Osho
Japanisch Zen-Meister

wir kurz auf die strukturellen Unterschiede zwischen der von uns beschriebenen Inneren Form und dem gesamten Spektrum der Maßnahmen eingehen, die im Bereich der Persönlichkeits- und Bewusstseinsentwicklung angeboten werden (siehe auch Abschnitt Äußere Form). Wir unterscheiden grundsätzlich zwei Richtungen:

1. Innerliche Form
Das gesamte gängige Spektrum an Maßnahmen zu Persönlichkeitsentwicklung und Bewusstseinsmanagement befasst sich aus unserer Sicht mit einer – wie wir es nennen – *innerlichen Form*. Zwar schaffen diese Angebote einen Zugang zur Innerlichkeit, m. a. W. zu mir, meiner Person, ohne aber die Tiefe der Wesensschau (jap. Kensho) im Sinne des Zen zu erreichen. Sie öffnen die Tür einen kleinen Spalt, ohne jedoch den Raum zu betreten. Die Grenzöffnung nach innen, der Sprung in den Kern des Inneren bleibt außen vor. Vielleicht lässt sich der Unterschied am besten mit einem späten Bekenntnis von Thomas von Aquin verdeutlichen: »Alles, was ich je geschrieben habe, scheint Stroh zu sein, im

Vergleich mit dem, was ich gesehen habe«
(Jäger 2002: 80).

Um nicht missverstanden zu werden, damit
wollen wir weder die Sinnhaftigkeit dieser
Maßnahmen bewerten, noch können wir hier
die Möglichkeit einer individuellen Erfahrung
ausschließen. So wie aber Mystizismus noch
keine Mystik ist, so ist auch »die innerliche
Form« noch keine »Innere Form«.

2. Die Innere Form

Richtung und Vielfalt aller Wege der Inneren
Form, durch Zen und Mystik, bei denen sich
der Einzelne mit seinem wahren Selbst auseinander setzt, sind Wege, die zum Wesenskern
führen. Wege, von denen Schopenhauer
sagte, sie seien »eine Erkenntnis, die sich nicht
mehr am Leitfaden des Satzes« orientiere.

Die Struktur der Inneren Form

Wir unterteilen die Wege der Inneren Form
(Zen/Mystik) strukturell in drei Arten, die trotz
aller Unterschiede durchaus auch Gemeinsamkeiten aufweisen.

Erstens in die personale, objektbezogene
Selbsterfahrung, wie die Mystik sie kennt. Das

Objekt ist Gott, der Kontext das Christentum mit einer stark jenseitsbezogenen Orientierung und einer in der Tradition monotheistischer Religionen typischen Personifizierung. Die Selbsterfahrung wird erreicht durch die Hingabe und die kontemplative Gotteserfahrung. Sie wird durch Gnade zuteil, nicht durch eigene Kraft und – als zentraler Punkt für alle Wege der Inneren Form – ist nicht Ergebnis eines diskursiven Denkens. Das Ziel ist die umfassende Erfahrung Gottes.

Zum Zweiten in die apersonale, nicht objektbezogene Selbsterfahrung, wie man sie im indischen Buddhismus, im frühen Chan und teilweise heute noch in einigen Richtungen des Soto Zen vorfindet. Diese Variante ist gekennzeichnet durch die absolute Seinserfahrung (Satori = Erleuchtung). Die Praxis ist die Meditation, das reine Sitzen in tiefer Versenkung, ohne Bezug zu einem göttlichen Wesen und in der für Zen typischen diesseitsbezogenen Orientierung. Zentrales Merkmal und zugleich der Unterschied zur Mystik ist, dass die Erfahrung durch eigene Kraft und Anstrengung erreicht werden kann.

Zum Dritten in die apersonale, objektbezogene Selbsterfahrung im späteren Zen, vor allem in den Richtungen des Rinzai Zen. Neben den eben geschilderten Weg des Sitzens in Ruhe und tiefer Versenkung tritt hier als differenzierendes Merkmal das »Objekt« des Koan hinzu, quasi als didaktischer Kunstgriff des Zen-Lehrers. Ein Koan bezeichnet einen paradoxen, rational unauflösbaren Sachverhalt (Suzuki 1976: 143). »Diese Form ist ein einzigartiges Erzeugnis des östlichen Geistes« (Suzuki 1976: 137). Koans sind paradoxe, über den diskursiven Verstand hinausgehende »Konfrontationen« (Suzuki 1976: 142). Sie öffnen den Geist, überwinden den Dualismus und überschreiten, weil mit keinem noch so ausgefeilten Scharfsinn und auch nicht mit dialektischen Differenzierungen zu lösen, die »Grenzen des diskursiven Denkens« (Suzuki 1953: 88).

So wie in dem Koan der Begegnung mit einem vollendeten Meister: «Begegnet ihr unterwegs einem Mann, der auf dem WEG Vollendung erlangt hat, grüßt ihn weder mit Worten noch mit Schweigen. Sagt mir: wie wollt ihr ihn grüßen?« (Mumonkan 1989: 197).

Die Auseinandersetzung mit einem Koan führt zu einer Tiefe, zu einer Wesensschau, die durch keine noch so logische Analyse erreicht werden kann. Dadurch entsteht ein verwandeltes Wissen jenseits aller Relativität. Denn »Relativität ist ein Aspekt der Wirklichkeit, nicht die Wirklichkeit selbst« (Suzuki 1953: 34).

Auf diese letztgenannte, dritte Form in der Tradition des Rinzai Zen wollen wir uns hier beziehen. Zum einen, weil wir als Zen-Schüler diesen Weg seit Jahren selbst gehen und erfahren. Zum anderen, weil er uns einen Zugang von besonderer Reife ermöglicht. Denn Rinzai Zen, wie wir es praktizieren und Ihnen nahe bringen möchten, basiert auf jahrhundertelanger Arbeit vieler hervorragender Zen-Meister – auch aus Europa.

Konkret erhält man Zugang in erster Linie durch das Zazen, das Sitzen in der Stille. Diese Annäherung gelingt jedoch nur auf der Grundlage einer bestimmten inneren Haltung, einer von Werten geprägten Einstellung und einer Orientierung im Denken. Aus diesem Grund möchten wir Ihnen diese Voraussetzungen im Folgenden im Detail vorstellen.

*Es gibt
keinen Weg,
nur Schritte.*

Der Zugang zur Inneren Form

Sowohl die Einstellung und die Haltung, die im Weg des Bushido, dem »Gesetzbuch der sittlichen Grundsätze« (Nitobe 2000: 9) eine Rolle spielen, als auch die Werte, d e den Weg der Mystiker begleitet haben, sind im besonderen Maße als Zugang zur Inneren Form geeignet.

Die folgenden 7 Grundsätze des Bushido und der Mystik stellen eine von uns getroffene und damit selbstverständlich subjektive Auswahl dar. Aber sie spiegelt aus unserer Sicht den Wesenskern, das den Wegen zur Inneren Form zutiefst Immanente wider (vgl. Deshimaru-Roshi 1994; Nitobe 2000; Preston 1991; Tsunetomo 2000; Ruh 1996). Hierzu zählen wir im Einzelnen:

- Ruhe des Geistes
- Kraft und Energie
- Mut und Hingabe
- Stille, Achtsamkeit und Wohlwollen
- Vollkommene Aufrichtigkeit
- Ehre und Loyalität
- Weisheit und Intuition

Ruhe des Geistes

Accelero, ergo sum (Ich beschleunige, also bin ich). »Leben ist mehr als nur ständig sich steigernde Geschwindigkeit« (Graaf/Wann/Naylor 2002: 334). Die Fluchtgeschwindigkeit, mit der wir uns von uns selbst entfernen, ist enorm hoch. Den Dingen nur hinterher zu jagen gleicht dem Versuch, seinen eigenen Schatten zu fangen. »Nichts scheint dem Menschen so unerträglich zu sein wie die völlige Ruhe, ... begegnet er seiner Unzulänglichkeit, seiner Leere« (Pascal 1997).

Wer nicht anhalten kann, kann auch nicht zu-sich-kommen. In dieser rasenden Zeit wird immer mehr Flexibilität gefordert. Flexibilität aber benötigt Raum, benötigt Leere, Verfügbarkeit, setzt ein zeitweises Anhalten voraus. Andernfalls bewegen wir uns mit Höchstgeschwindigkeit, ohne entscheidend voran zu kommen. Anhalten ist wichtig; wer immer nur beschleunigt, wer stets nur mit Höchstdrehzahl rast, schädigt sich selbst, nimmt die Dinge nur noch mit dem berühmten Tunnelblick wahr und verliert u.U. entscheidende Details aus den Augen.

Eine kleine Anekdote erzählt von der Begegnung eines Wissenschaftlers mit einem Zen-Meister. Der Zen-Meister bot seinem Gast, wie dies üblich war, Tee an. Doch dieser redete ununterbrochen, worauf der Zen-Meister weiter den Tee eingoss, solange bis dieser dem Gast über die Hände und die Kleidung rann. Völlig empört fragte der aufgebrachte Wissenschaftler: »Was soll das, was machst du da?« Darauf die Antwort des Zen-Meisters: »In eine volle Tasse kann man keinen Tee eingießen.«

Unsere Tassen sind meist randvoll gefüllt, und nicht immer zu unserem Vorteil. Wenn unser Kopf voll ist und wir keinen Raum mehr haben, sind wir nicht offen. Nur wenn wir von Zeit zu Zeit die »Verfallsdaten« dessen, was sich im Laufe der Zeit in unseren Köpfen angesammelt hat, überprüfen und ausmisten, werden wir uns von Dingen lösen können, die keinen Wert besitzen, weil sie für uns nicht mehr hilfreich sind oder es noch nie waren. Andernfalls werden fixierte Denkmuster zu fixen Ideen, an denen wir dann meist unreflektiert anhaften. Jegliches Festhalten aber

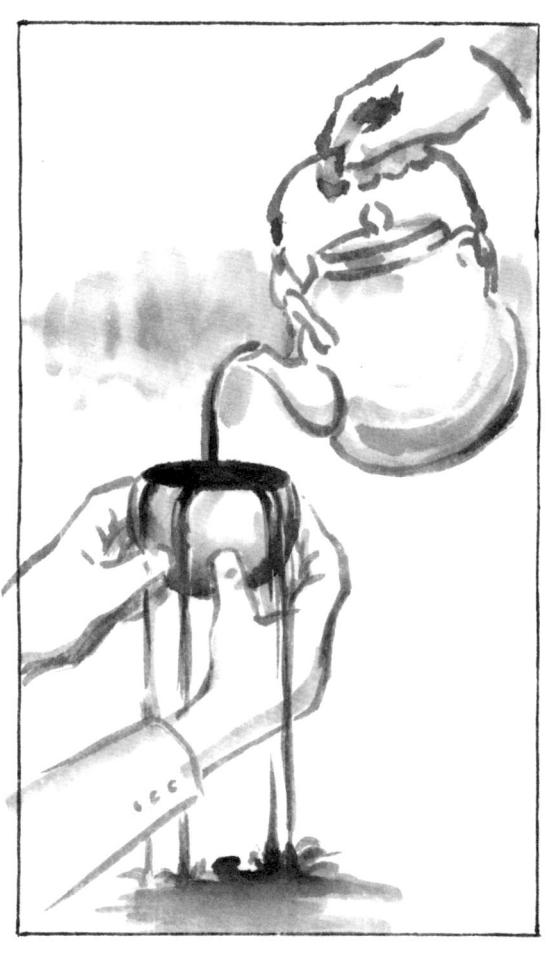

beschränkt uns in unseren Möglichkeiten.

»Ist dein Blick auch nur leicht getrübt, siehst du nichts als Wahngebilde« (Anonymus). Je intensiver wir uns an bestimmten Ideen, Vorstellungen, Etikettierungen oder auch an äußeren Beschreibungen, Paradigmen und Rezepten festbeißen, desto weniger gelingt es uns, den Kern, das Eigentliche der Dinge, die »reine Substanz« zu erfahren. Denn, so Meister Hakuin, alles Beschreiben ist erfolglos, alles Bezeichnen vergeblich.

Die Tragik der Beharrung und der Schwierigkeit loszulassen liegt im Versuch. Sicherheit zu erzwingen, wo es keine Sicherheit gibt, und in der Suche nach Stabilität, wo wir sie nicht finden. Wahre Fülle entsteht nur, indem wir loslassen.

Kraft und Energie
In dem Wort Führungskraft stecken zwei Begriffe: Führung und Kraft.
Wenn ich mich als Manager mit dem Thema der Kraft und der Energie auseinandersetze, dann in zwei Richtungen:

- Wie viel Kraft und Energie setze ich ein, um aus meinen Plänen Werke werden zu lassen?
- Wo habe ich die Chance, mich zu regenerieren, um neue Kraft zu schöpfen?

Zen ist Handeln, ist konsequentes Tun. Das ist die Lehre des Bushido. Es bedeutet nicht planloser Aktionismus, sondern die Kraft aus der Ruhe zu schöpfen, die sich ihrer selbst bewusst ist.

Dazu eine Geschichte von Tschuang Tse: Ein Diener richtete für seinen Fürsten einen Kampfhahn ab. Nach zehn Tagen erkundigte sich der Fürst nach dem Vogel. »Noch nicht, er ist noch voller Streitsucht und Übermut.« Nach weiteren zehn Tagen fragte der Fürst erneut. »Noch nicht, noch erregt ihn die Stimme und der Anblick anderer Hähne.« Nach weiteren zehn Tagen veranstaltete man ein Turnier und brachte zahlreiche andere Hähne. Doch kein Hahn war fähig, sich dem Hahn des Fürsten zu nähern, der wie ein Hahn aus Holz nur dastand. Die anderen Hähne flohen erschreckt. Der Hahn des Fürsten hatte die Stufe der technischen Übung hinter sich gelassen und war nur noch reine starke Energie, die sich nicht in Äußerlichkeiten zeigte. Seine Kraft lag in ihm, und die anderen Hähne konnten sich nur noch vor seiner wahren, verborgenen Kraft verneigen. Innere Kraft kommt aus der Ruhe und der Stille und muss sich nicht ständig beweisen.

Ein weiterer wichtiger Punkt für Führungskräfte ist die Frage der Regeneration von Kraft und Energie. Zen bietet eine gute Möglichkeit, Stress aus dem täglichen Einsatz abzubauen, sich auf sich selbst zu besinnen und neue Kraft und Energie zu schöpfen. Hierbei spielt die richtige Atmung, mit der wir uns im Kapitel Praxis des Zen beschäftigen werden, eine entscheidende Rolle.

Mut und Hingabe
Mut ist ähnlich wie die Liebe nur schwer zu beschreiben:
»Mut ist ... eine Kombination vieler Faktoren. Mut verlangt die richtige Philosophie, ein überragendes Beispiel, solides Training, reichhaltige Erfahrung, technische Meisterschaft, ja sogar Phantasie. Vor allem aber verlangt

Mut Motivation und Anstrengung« (Preston 1991: 21).

Mut als psychische Disposition, die in gefährlichen Situationen überlegtes, unerschrockenes Verhalten ermöglicht, speist sich aus verschiedenen Quellen. Außer aus einem berechtigten Vertrauen in die eigenen Fähigkeiten entspringt Mut aus dem Bereich der Selbstwert- und Selbstbehauptungsgefühle ebenso wie aus Machtgefühlen. Ja selbst Ohnmacht kann eine Wurzel für Mut, den Mut der Verzweiflung, sein, bei dem die Grenze zur Tollkühnheit verschwimmt. Denn: Wer kämpft, kann verlieren. Wer nicht kämpft, hat schon verloren.

Mut beschreibt den Willen, meinen eigenen Weg zu gehen, die Schritte über den Abgrund zu wagen, zu mir und zu dem, was ich bin, zu stehen, meine Ansichten zu vertreten und nicht aus dem Anhaften an Äußeren Formen mein Selbst zu verleugnen.

Im heutigen Managementalltag bedeutet Mut vor allem Mut zur Entscheidung.

Mangelnde Entscheidungsfähigkeit und Konsequenz im eigenen Handeln sind die Krankheiten unserer Tage. Aus Mangel an persönlichem Mut haben wir Systeme der organisierten Verantwortungslosigkeit geschaffen, in denen wir unsere individuelle Verantwortung an sogenannte Sachzwänge und Kollektive, umgangssprachlich Ausschüsse und Teams, delegieren.

»Ein Mann ohne nagende Zweifel, von frischem und hohem Geist, kann innerhalb von sieben Atemzügen zu einer Entscheidung kommen. Geistesgegenwärtig muss man entschlossen eine Entscheidung treffen« (Tsunemoto 2000: 40). Denn, so soll Martin Luther einst ausgerufen haben, nur wer sich entscheidet, existiert!

Stille, Achtsamkeit und Wohlwollen

»Wenn du stille würdest, wäre dir geholfen«, sagte Meister Eckhart. Je tiefer wir in die Stille gehen, desto näher kommen wir der Wahrheit. Und wer sich gegen die Stille verschließt, verschließt sich gegen sich selbst. Rilke rät uns nicht umsonst schlicht und einfach, die Augen zu schließen, nach innen zu lauschen,

»Es gibt keine Methode, es gibt nur Achtsamkeit.«

Eido Tai Shimano
Japanischer Zen-Meister

stille zu werden.

Lärm ist einer der größten Krankmacher unserer Zivilisation. »Was für ein ungeheuerliches Getöse, es wäre herrlich, die Menschen einmal in Muße zu sehen« (Thoreau 1997).

Dieser – äußere – Lärm hat einen Verbündeten, der uns noch viel mehr zu schaffen macht: ein innerer Lärm, hervorgerufen durch das ständige »Geschnatter im Kopf«.

Meister Bankei wurde einmal von seinen Schülern aufgefordert, alle seine Erfahrungen, die er im Laufe seines Lebens gemacht hatte, in einem einzigen Wort zu beschreiben. Meister Bankei zeichnete mit einem Tuschepinsel das Wort »Achtsamkeit«.

Friedrich Nietzsche nahm vorweg, was viele Zeitkritiker heute anprangern und was uns daran hindert, achtsam zu sein: »Alles redet, alles wird zerredet, alles redet, alles wird überhört, alles redet, niemand will zuhören, alles redet, niemand will verstehen, alles redet, niemand weiß etwas zu sagen ...« (Nietzsche 2000).

Achtsamkeit erfasst die Dinge ohne das Raster der mittelbaren Erfahrung, m.a.W. ohne Einschränkung durch die Filter der Sprache, durch begrenzte Kategorien und Vorurteile, sondern durch Fokussierung auf das Wesentliche klar und unmittelbar. Der Mond kann sich erst dann im See spiegeln, wenn dieser vollkommen klar ist.

Dieses unmittelbare Erfassen gelingt uns jedoch nur dann, wenn wir selbst in der Lage sind, von uns Abstand zu nehmen. Nur wer seine Wahrnehmung auf seine Gegenwart zu lenken und seinen eigenen Vorstellungen Offenheit und Weite zu geben vermag, erlangt Achtsamkeit.

Was heißt das für Sie im Alltag?

Bleiben Sie im Alltag, auch als Manager(in), offen für Neues und stellen Sie Ihre eigenen Annahmen immer wieder auf den Prüfstand. Schenken Sie auch schwachen Signalen und subtilen Bedeutungen Beachtung. Achten Sie auf die Gefühle Ihrer Mitarbeitenden und Kunden. Hören Sie zu, schweigen Sie, und hören Sie nochmals zu. Wohl dem Menschen, der nichts zu sagen weiß und dennoch schweigt. Und hören Sie stets auf das, was nicht gesagt wird.

Entwickeln Sie die Fähigkeit, Dinge in der Schwebe zu halten. Denn die Welt ist nicht das, wofür wir sie augenscheinlich halten. Die Welt des Dualismus, die Trennung zwischen Subjekt und Objekt, ist künstlich. Immer wieder löst sich das Feste, Materielle und scheinbar Greifbare unter dem Blick der Forscher auf und entpuppt sich als Fiktion. Es gibt kaum reine Fakten, das meiste sind subjektive Interpretationen, Konstruktionen unseres Geistes. Das Außen entsteht im Innen, nicht umgekehrt.

Die Natur der Wirklichkeit, die wahre Existenz der Dinge, die eigentliche Substanz besteht vielmehr in der Leere, im Vakuum und in Schwingungen. Dies zu erfahren ist wesentlich.

Vollkommene Aufrichtigkeit

Aufrichtigkeit beginnt mit Ehrlichkeit gegenüber dem Anderen wie gegenüber sich selbst. Ehrlichkeit gegenüber anderen Menschen impliziert eine Verpflichtung gegenüber der

Wahrheit. Sie lehnt es ab, die Dinge aus Eigennutz und Egoismus je nach Situation opportunistisch zu drehen und zu wenden.

Ehrlichkeit mir selbst gegenüber, als Teil vollkommener Aufrichtigkeit, lässt mich meinen eigenen Weg gehen und mein wahres Selbst entwickeln. Nur sie erlaubt mir, der zu werden, als der ich gemeint war. Niemand ist auf die Welt gekommen, um so zu werden, wie andere ihn haben wollen. Entscheidend ist es, zu mir selbst zu stehen, nicht meine Person und meinen Wert zu verleugnen. Ich nehme mich mit allen meinen Stärken und Schwächen an, und zwar so, wie ich in meinem momentanen Lernprozess bin. Die Entwicklung meines wahren Selbst, in der vollkommenen Aufrichtigkeit zu mir, ist dabei meine lebenslängliche Aufgabe.

Ehre und Loyalität

Die Ehre als eine innere Würde und eine auf der Selbstachtung beruhende Haltung war für den Samurai ein wichtiger Bestandteil seines dienenden Lebens. Sie war die Grundlage seiner Loyalität und seiner Ergebenheit gegenüber seinem Fürsten, oft sogar bis in den eigenen Tod. Die Literatur der Samurai ist voll von Beispielen des loyalen Dienens in Würde.

Es ist aufgrund erlebten Missbrauchs in unserer Geschichte sicher schwieriger, in unserer heutigen Kultur unvoreingenommen von Ehre und Loyalität zu sprechen. Auf der anderen Seite muss allerdings auch der Zweifel erlaubt sein, ob wir mit einer Landsknechtmentalität des »wes Brot ich ess', des Lied ich sing'« und dem Job-Hopping aus vorwiegend finanziellen Gründen in der Lage sein werden, Organisationen mit einer Inneren Form zu schaffen. Insbesondere wenn obendrein vermeintliche Vorbilder auf oberster Ebene Werte wie Ehre und Loyalität schmerzlich vermissen lassen. Wenn Top-Manager nach Pleiten und Pannen, nicht unbedingt aufgrund von Pech, sondern häufig aufgrund eigenen Versagens, mit ansehnlichen Abfindungen bedacht rechtzeitig und manches Mal auch recht zeitig die Kommandobrücke verlassen.

Weisheit und Intuition

Die Frage des Samurai war:

»Wie kann ich gleichzeitig stark und weise werden?«

Der französische Mathematiker und Philosoph Blaise Pascal erkannte: »Der logische Intellekt ist ein großartiges Werkzeug, aber als Herr und Meister begrenzt.«

Das intuitive Verstehen ist die höchste Form des Verstehens. Es ist mehr als nur logisch-rationales Erfassen und analytisches Durchdenken. Rilkes *Duineser Elegien* und Hölderlins *Hyperion* sind nicht mit der Ratio zu erfassen. Keine noch so ausgefeilte Sprachanalyse dringt zum Kern dieser Werke vor. Dies gelingt nur mit einer Hermeneutik des Herzens. Wir haben das Werkzeug des Denkens, das ohne Zweifel gut und wichtig ist, schlicht überbetont. Hermann Hesse dazu: »Wer das Denken zur Hauptsache macht, kann es darin zwar weit bringen; aber er hat doch eben das Land mit dem Wasser vertauscht, und einmal wird er ersaufen.« So gelangen wir zu Wissen, ohne je wirkliche Erkenntnis zu erlangen. Intuition dagegen transzendiert den Logos, sie verdrängt ihn nicht, aber geht über ihn

»Vision ist das blitzartige Erkennen des Potenzials des Augenblicks.«

Hinnerk Sobu Polenski
Europäischer Zen-Lehrer

hinaus. Das blitzartige Erkennen des Potenzials des Augenblicks entsteht nicht aus einer Second-Hand-Erfahrung. Es ist kein geborgtes Wissen und basiert auf weit mehr als angesammelten Fakten. Wenn wir das wahre Wesen der Dinge nicht erkennen, dann halten wir in der Tat, wie Platon dies in seinem Höhlengleichnis verdeutlichte, die Schatten für die Wirklichkeit.

Die vollendete Form des Tuns ist das unmittelbare Tun, kein Gedanke mehr, kein Zögern, Tun in vollendeter Harmonie.

»Nonduales Handeln ist spontan, weil ohne objektivierte Intention; es ist ohne Anstrengung, weil ohne ein vergegenständlichtes Ich, das sich anstrengen muss; es ist 'leer', weil man selbst die Handlung ist und es kein dualistisches Wahrnehmen einer Handlung ist« (Loy 1988: 22). Sehen Sie einem kleinen Kind bei seinem vertieften Spiel zu, und Sie werden wissen, was gemeint ist. Oder nehmen Sie eine eigene Erfahrung, in der Sie in eine Aufgabe vollends vertieft sind, über der Sie Raum, Zeit und sich selbst vergessen und in vollendeter Harmonie mit der Aufgabe verschmelzen.

Eugen Herrigel hat dies in seinem Buch *Zen in der Kunst des Bogenschießens* eindrucksvoll beschrieben. »Wenn der Bogenschütze nach jahrelanger Bemühung um Vollkommenheit schließlich alle bewusste Bemühung vergisst, so dass sich der vollkommene Schuss absichtslos lösen kann, wie der Schnee, der von einem Bambusblatt abrutscht, dann hat er das Geheimnis der kunstlosen Kunst des Lebens entdeckt« (Herrigel 1951: 60). Schütze, Pfeil, Bogen und Ziel sind eins.

Vom Nutzen des Zen
Aktuelle Forschungsergebnisse

- Vorbeugen ist besser als ...

- Ergebnisse der Meditationsforschung

- Neurowissenschaften und Zen

Bevor wir Sie, zur Entwicklung Ihrer Inneren Form, im abschließenden Kapitel in die Praxis des Zen einführen, möchten wir Ihnen den praktischen Nutzen von Zen für Ihren Alltag und Ihre Gesundheit skizzieren. Denn:

Vorbeugen ist besser als ..

Magengeschwüre, Kopfschmerzen, Bluthochdruck, Asthma und Allergien gelten allesamt als stressbedingte Krankheiten. Schätzungen gehen davon aus, dass zwei Drittel der Erkrankungen in westlichen Industrieländern stressbedingt sind.

Stress hatte ursprünglich die Funktion, unser Überleben zu sichern. In einer lebensbedrohlichen Situation – z. B. der Begegnung mit einem Säbelzahntiger - reagierte unser Gehirn mit der Ausschüttung bestimmter Stoffe, die den Körper in Alarmbereitschaft versetzten, um blitzschnell reagieren zu können. Durch die körperliche Aktivität – Flucht oder Kampf – und die Ruhephase danach (Säbelzahntiger waren doch zumeist kein tägliches Ereignis) wurden diese Stresshormone wieder vollständig abgebaut.

Heute stellen wir uns selbst unter einen Dauerstress und gönnen uns keine Ruhe. Morgens im Stau, von Termin zu Termin hetzen, der Chef ersetzt manches Mal den Säbelzahntiger (und das gleich mehrere Male täglich), abends schnell ins Fitnessstudio und dann mit Freunden zum Essen. Dazu kommen die permanenten Gedanken, der Zeit- und Termindruck, die Instabilität in der Organisation, die Ängste um die Sicherheit des Arbeitsplatzes und der Lebenssituation, die täglichen Probleme und Herausforderungen – der Körper ist in einer ununterbrochenen Alarmbereitschaft.

Es muss uns auf Dauer gelingen, hier einen Ausgleich zu schaffen und zu einer Work-Life-Balance zu finden. Hierzu sind Entspannungstechniken und die Zen-Meditation als wichtiger Bestandteil einer Gesundheitsprophylaxe äußerst hilfreich und ihre positive Wirkung ist heute vor allem in der Psychosomatik und der Verhaltensmedizin auch empirisch fundiert nachgewiesen.

Ergebnisse der Meditationsforschung

In der Ruhe liegt die Kraft. Forschungen haben ergeben, dass durch Meditation Stress und Ängste abgebaut werden und das allgemeine Wohlbefinden und die Zufriedenheit steigen. Die Zahl der Arbeitsunfälle sinkt, Kreativität und Wahrnehmungsfähigkeit nehmen zu, und die Toleranz in der Einstellung gegenüber Personen und anderen Ideen steigt (ein umfangreicher Überblick hierzu in: Engel 2000).

So konnte bspw. Prof. Kairies in Studien nachweisen, dass Meditation erfolgreich psychischen Stress abbaut, überkritische Belastungssituationen vermindert und die persönliche Kompetenz und Kreativität steigert (Kairies/Schrott 2000; Kairies 2002).
Wissenschaftler der Uni Tokio haben bzgl. der Wirkung von Zen-Meditation bereits in den 80er Jahren festgestellt, dass die stressbedingten Betawellen verschwinden und in weniger als einer Minute von Alphawellen verdrängt werden, mit der Konsequenz einer

inneren Ruhe, Aufmerksamkeit und Entspannung. Stresshormone werden dabei abgebaut, der Sauerstoffgehalt des Blutes steigt an und der Blutdruck normalisiert sich. Jüngst konnten auf der 2. Tagung der Society for Meditation and Meditation Research (SMMR) im Mai 2002 erneut weitere fundierte Forschungsergebnisse zur positiver Wirkung von Zen und Meditation vorgestellt werden.

Neurowissenschaften und Zen

Ohne neue Ideen keine neuen Wege. Wenn die herkömmlichen Problemlösungsstrategien des Managements nur sehr bedingt geeignet sind, der Entwicklung eine neue Richtung zu geben, dann sind Innovationen und Prozessmusterwechsel gefragt, d e neue Wege und originelle Konzepte aufzeigen.
Der kreativen und schöpferischen Fähigkeit des Menschen muss eine größere Aufmerksamkeit geschenkt werden, denn Basis für Innovationen ist immer noch das schöpferische Potenzial des Menschen, seine Fähigkeit zum kreativen Denken.

Um ein Problem zu lösen, muss ich mich zuerst vom Problem lösen.

Kreative Lösungen sind gehirnphysiologisch umso wahrscheinlicher, je höher die Gehirnsynchronizität zwischen der linken, rationalen Gehirnhälfte (Analyse, Logik, Rechnen, Systematisieren, Planen) und der rechten, nichtrationalen Gehirnhälfte (Intuition, Ahnung, Empfindung, Bilder, Assoziation) ist. Der Erfolg bei der Bewältigung von Aufgaben hängt von der Integration dieser verschiedenen Funktionen des Gehirns ab.

Im Rahmen der Meditationsforschung wurde nun mit Hilfe des Elektroencephalogramms (EEG) festgestellt, dass der Einsatz von Meditationstechniken zu signifikanten Veränderungen der Gehirnaktivität führt. In meditativen Zuständen tritt eine Gehirnwellengleichförmigkeit, die sogenannte Gehirnwellenkohärenz auf, die geeignet ist, Ratio und Struktur mit Phantasie und Kreativität zu verbinden (Kairies 2002).

Bereits 1974 hat Dr. Schütter 14 Zen-Meister interviewt, um die Wirkung von Meditation zu erforschen. Zentrales Ergebnis damals: »Vieles lässt sich nicht in Worte fassen.«

Seitdem haben sich verschiedene Wissenschaften und viele Wissenschaftler mit der

Erforschung der Meditation beschäftigt, und heute liegen fast tausend empirische Arbeiten zu den positiven Wirkungen von Meditationsverfahren vor (Kairies 2002: 6).

Zusammengefasst führt Meditation zu einem Zustand, in dem wir mehr als sonst in der Lage sind, auf verschiedene Teile unseres Gehirns synchron zuzugreifen, nämlich auf die linke und rechte Gehirnhälfte, aber auch auf Teile sowohl im frontalen als auch occidentalen Bereich sowie auf höher und tiefer liegende Schichten. Diese Gehirnwellenkohärenz erst ermöglicht neue, schöpferische Ideen, die wiederum die Voraussetzungen bilden für Veränderung und Neugestaltung unserer Organisationen, Strukturen und Prozesse, aber auch unserer Werte und Einstellungen.

Natürlich sind darüber hinaus auch noch entsprechende Rahmenbedingungen zu schaffen. Denn wer meditiert, ist nicht automatisch kreativ, aber er hat zumindest die besten Voraussetzungen – gehirnphysiologisch gesehen.

»Die äußere Form bildet die Gestalt, die innere Form ist Gestalt. «

Hinnerk Sobu Polenski
Europäischer Zen-Lehrer

Die Praxis des Zen
Kein Weg, nur gehen

- Ohne Zazen kein Zen

- Zen im Alltag

- Hat ein Manager Buddha-Natur?

Der Weg ist nicht gefegt, wenn wir nur an den Besen denken.

Zen ist TUN, nicht Absicht. Nicht die Worte, nicht der Wunsch entscheiden, nur das TUN, und TUN bedeutet in diesem Fall vor allem anderen Zazen (jap. za: sitzen; das Sitzen in der Versenkung und Stille).
Ist das alles, werden Sie sich fragen?
Ja! Das ist alles!
Der Kern des Zen-Weges ist das absichtslose Sitzen in der Stille.

Ohne Zazen kein Zen

Ich sitze, also bin ich ... Gutes Zazen setzt die Balance der Inneren Form und der Äußeren Form voraus. Dies sind
- Die korrekte Körperhaltung
- Die richtige Atmung
- Die entsprechende Einstellung

Korrektes Sitzen und richtiges Atmen aus dem Hara (Bauch) heraus benötigen auch die Technik der Äußeren Form. Andernfalls ist

Zazen lediglich mühevoll und anstrengend.

Niemand hat so eindrucksvoll darauf hingewiesen wie Graf Dürckheim in seinem Buch
Hara – Die Erdmitte des Menschen. »Krum-
mes Sitzen« ist nicht nur gesundheitsschäd-
lich, sondern auch »Ausdruck einer mangeln-
den Präsenz«. Richtiges Sitzen heißt, seinen
eigenen Schwerpunkt zu finden und eine
»gespannte Gelöstheit« (Dürckheim 2001) zu
erreichen, was durchaus einiger Übung
bedarf.
Wir im Westen haben lange Zeit den Kopf
überbetont und die Wichtigkeit des Körpers
nicht genügend beachtet. Zazen setzt aber
die Reise »ins Hara« nach unten, zu den Wurzeln voraus. »An der Pflanze des Menschen
ist der Geist die Blüte, er ist nicht die Wurzel«
(Osho 1974: 16). Gutes Sitzen ist wie Bogen-
schießen. Ist der Bogen nicht ausreichend
gespannt, kann der Pfeil nicht fliegen, ist er
zu straff gespannt, reißt entweder die Sehne
oder das Holz des Bogens. Ähnlich wie bei
einem Musikinstrument. »Es gibt einen mittleren Punkt ... nur dort entsteht Musik« (Osho
1974). Es gilt beim Sitzen, diesen mittleren

Punkt zu erreichen und die »gelöste Spannung« zu halten.

Der zweite bedeutende Punkt ist das richtige Atmen. Nun werden Sie vielleicht sagen, kein Problem, tue ich permanent. Richtig, Sie atmen. Aber nicht richtig, weil auf eine »nicht zentrierte« Art. Meist ist unsere Atmung flach aus dem Brustkorb heraus. Atmung aus dem Hara ist Bauchatmung, wie sie übrigens Babys hervorragend beherrschen. Sie ist natürlich, fließend und »… entspricht dem Grundrhythmus des Lebens« (Dürckheim 1967: 151).

Korrektes Sitzen und richtiges Atmen lassen sich nicht »erlesen«, man muss es üben, zu Beginn sinnvollerweise unter Anleitung eines erfahrenen Lehrers.

Ebenso wichtig wie die Äußere Haltung ist die Innere Haltung. Ohne sie wirkt Zazen hohl und tot. Zazen können Sie nur ohne Ziel, ohne Zwang praktizieren. Einfach nur sitzen. Je ungezwungener und natürlicher Sie sitzen, desto mehr gelingt es Ihnen, von Augenblick zu Augenblick sich selbst zu erleben. Am Sitzen anzuhaften führt dagegen nicht zum Erfolg.

Beim Zazen gilt also: Sitze gelassen, ohne dich gehen-zu-lassen. Kein Zwang kein Denken, nicht einmal das »... daran denken, nicht zu denken«. Weder verkrampft, noch aufgelöst, ist es »... eine Gelöstheit, die nicht auflöst« (Dürckheim 2001a: 43). Das Geheimnis liegt in der Kunst, die Aufmerksamkeit nur auf das Sitzen und den Atem zu lenken und in die Stille zu gehen.

Knüpfen Sie an Zazen keine Bedingungen, wie: Ich muss, ich sollte aber schon, ich will! Lassen Sie auch hier los. Stellen Sie keine Fragen, geben Sie keine Antworten. Sitzen Sie nur und nehmen Sie Ihren Atem wahr, sonst nichts.

Shunryu Suzuki sagte einmal: »Man kann auch am Sitzen anhaften, gieriges Zazen bleibt wirkungslos« (Suzuki 2000).

Lassen Sie Körper und Geist fallen. Beim Fallenlassen macht es einen Unterschied, ob Sie Ihre Schultern oder sich selbst fallen lassen.

Haften Sie an nichts an, Ihre Gedanken kommen und gehen, verdrängen Sie aber auch nichts. So wie weiße Wolken am unberührten blauen Himmel kommen und gehen. »White clouds naturally come and go« (Mukai nach Polenski 2002).

Nur aus der stimmigen inneren Haltung heraus erreicht man die inhaltslose Wachheit des Zazen. »Die rechte Haltung des Menschen ist immer bestimmt durch den rechten Schwerpunkt« (Dürckheim 2001a: 40). Dies verlangt ein starkes Vertrauen, eine Achtsamkeit und Entschlossenheit. Die innere Haltung ist Gestalt, die äußere Haltung formt die Gestalt, so Hinnerk Sobu Polenski. Sie bedingen einander. Nur dann, aus der Balance und der Harmonie dieser beiden Aspekte entsteht gutes Zazen.

Zen im Alltag

Wenn Joshu darauf hinweist, dass der alltägliche Weg der Weg des Zen ist, und Hinnerk Sobu Polenski das Zen in allem Handeln sieht, weisen beide auf die Essenz des Zen hin. Zen findet in jedem Augenblick, in jeder Situation statt, nicht nur während des Sitzens.

»Jeder Augenblick ist die beste aller Gelegenheiten, alles und jedes wird Gelegenheit zum Üben auf dem inneren Weg« (Dürckheim 2001a: 33). Zen ist Handeln im Alltag; der Alltag selbst, das ist Zen. Die Situation bei Kunden, Gespräche mit Mitarbeitenden, das Erstellen eines Konzeptes, all dies sind alltägliche Übungen im Zen. Kein separiertes Hinein ins Zen, Heraus aus dem Zen, oder: In diesem Augenblick übe ich Zazen, indem ich in die Übung hineingehe und nach einer gewissen Zeit diese Übung beende – nein: Das Leben selbst ist die Übung, der Alltag die Bewährung, nicht das Sitzkissen. Das »auf den Weg-gekommen-sein«, wie es Dürckheim einmal ausdrückte ist aber keine »billige Ruhe« (Dürckheim 2001a: 59), keine Methode nach dem Motto: heute erkannt, morgen entspannt. Mit einer kurzen Anstrengung im Instant Style ist es nicht machbar. Zen setzt die Einkehr, die Umkehr, das Loslassen und Zulassen voraus, es ist ein niemals endender Weg zur Entwicklung der Inneren Form.

Hat ein Manager Buddha-Natur?

Dies war unsere einleitende Frage in Anlehnung an Meister Joshu. »WU!« (jap. »MU!«) war seine Antwort, was soviel bedeutet wie nichts, nicht-sein oder nicht-haben. Aber das kann nicht stimmen. Denn nach Shakyamuni Buddha haben alle Lebewesen Buddha-Natur. Also auch Manager.

Was aber bedeutet dann das MU? Es bedeutet, und das ist der entscheidende Punkt, dass alle Menschen ihre Antwort selbst finden müssen. Auch Sie, liebe Leserinnen und Leser. Und zwar in Ihrem täglichen Leben, in Ihren Handlungen und Entscheidungen, beruflich wie privat. Dort und nur dort ist die Antwort, Ihre Antwort, auch zu finden!

Conclusio der Autoren

Die Krise von Organisationen ist in erster Linie eine Krise des »Bewusstseins«.

Wir sind zutiefst überzeugt, dass das Gelingen von Veränderungen in der Zukunft und damit das Überleben von Organisationen in entscheidendem Maße davon abhängen wird, ob und wie wir die Innere Form kultivieren. Sie ist die notwendige Grundlage jeglicher erfolgreichen Entwicklung.

Arnold J. Toynbee hat in seinem bahnbrechenden Werk *Menschheit und Mutter Erde* vom Aufstieg und Untergang der Kulturen darauf hingewiesen, dass eine Kultur in dem Maße wächst, in dem es ihr gelingt, ihre Energien von der materiellen Sicht auf die »spirituelle, ästhetische Sicht, auf das Kulturelle zu verlagern« (Toynbee 1995). Der Niedergang von Gesellschaften war immer auch mit einem spirituellen Vakuum verbunden.

Al Gore kommt in seinem Buch *Wege zum Gleichgewicht* zum gleichen Schluss: »Die Anhäufung von materiellen Gütern hat den höchsten Stand aller Zeiten erreicht, aber auch die Zahl der Menschen, die eine tiefe Leere in ihrem Leben fühlen« (Gore 1992: 222). Wir werden uns auf die Dauer die Folgen dieser Entwicklung nicht mehr leisten können. Unsere moderne Zivilisation ist krank. Zu unseren bisherigen Fortschritten im technischen und kognitiven Bereich müssen signifikante Verbesserungen im Sozialen und Spirituellen hinzutreten (Nefiocow 2001: 209).

Jeder Einzelne von uns ist die kritische Masse der Veränderung. Wenn nicht wir, wer dann? Nicht die Dinge verändern sich, wir verändern die Dinge. Der Fingerzeig nach außen »an die anderen, ist wie der Finger, der auf die Landkarte zeigt.« Niemand wird den Weg für Sie gehen, das müssen Sie selbst tun. Parzival musste bei seiner Suche nach dem heiligen Gral zwangsläufig scheitern, weil er gesucht hat, wo es nichts zu suchen gab, indem er den Weg nach außen beschritten hatte.

Veränderung ist kein Schreckgespenst, Veränderung ist das »Natürlichste« im Leben überhaupt. Das Unbehagen und vielleicht das größte Hindernis, das uns bei der eigenen

Entwicklung im Wege steht, ist der Glaube an ein unveränderliches Selbst, an eine stabile Identität. Wir verdrängen die Veränderung, weil wir uns durch die Beschäftigung damit ja letztlich auch mit Verlust und Tod auseinander setzen müssten.

Zen stellt der Zerstreuung des Geistes die Konzentration auf das Wesentliche entgegen. Es führt zu einem inneren Gleichgewicht, einem tieferen Verstehen, zu einer Harmonie der Inneren und Äußeren Form und zu einer heiteren Gelassenheit, ohne sich dabei gehen zu lassen, sondern im Gegenteil: um sein wahres Selbst und damit alles zu gewinnen.

Der Theologe und Jesuit Karl Rahner wagte einmal die These: »Der Mensch des 21. Jahrhunderts wird entweder ein spiritueller Mensch sein, oder er wird gar nicht mehr sein.« Wo, so die Kardinalfrage, wird der Manager sein, der zukünftig seine Innere Form nicht entwickelt?

Nachwort

Geist bewegt die Welt, Zen ist der Weg, diesen Geist zu öffnen.

Dynamisches, unabgelenktes Handeln ist der Schlüssel zu beruflichem und privatem Erfolg und einem erfüllten Alltag.
Zen bietet aber weit mehr: Wahrhaftigkeit, das tiefe Ruhen in mir und in der offenen Weite des ewigen Jetzt, unbedingte Freiheit, Präsenz und Wachheit, denn bis jetzt haben wir geschlafen.

Form, Haltung und Disziplin sind der Beginn. Form, Haltung zu bewahren, bedeutet Respekt vor sich selbst und vor allen lebenden Wesen. Respekt ist der Weg zu Vertrauen. Vertrauen ist der Weg zum Loslassen, zur Hingabe. Hingabe ist der Weg zu vollkommener Freiheit.

Der Beginn ist Samuraigeist: Besiege dich selbst! Der Beginn ist Zazen, Sitzen in Kraft und Stille.

> »Im Kern ist Zen die Kunst, in die Natur seines Seins zu blicken, und es weist den Weg von der Unfreiheit in die Freiheit. "
>
> D.T. Suzuki

Jeder Mensch webt an der Zukunft dieser Welt, nur jetzt hier in diesem Moment. Vergesse ich Gesehenes, Vergangenheit und Zukunft, habe ich die Freiheit zu gehen und zu kommen.

Das Alte zerbricht und das Neue kommt, aber das Neue ist noch ungeboren. Dieses Neue sind wir selbst, wenn wir bereit sind, den Weg zu betreten, den diese Zeit, diese Welt uns ermöglicht. Dafür sollten wir sehr dankbar sein und in jedem Moment diese Dankbarkeit weitergeben. Jeder Moment ist unbeschreiblich kostbar, jeder Moment ist eine unglaubliche Chance, eins zu werden mit dem großen Strom des Wandels, den man auch Leben nennt.

In Europa fordert die Kombination aus Dynamik und Komplexität unserer Zeit von der Führungskraft mehr als das gewohnte Verwalten, Bewegen und Managen. Gefragt ist Leadership oder, anders ausgedrückt, das Führen von Menschen in den verschiedenen

Organisationen und Systemen, und nicht umgekehrt. Wie aber kann sich ein hochqualifizierter Manager zur Führungskraft entwickeln? Welche Qualitäten sind notwendig?

Nach Fushan Yuan (chin. Zen-Meister) gibt es drei Grundvoraussetzungen für Leadership: Menschlichkeit, Klarheit und Mut. Der Fokus verschiebt sich weg von der Ausbildung im Bereich der Werkzeuge und Methoden hin zu meinem Selbst, zur Stärkung meiner Fähigkeiten, zum ganzen Menschen als dem Schlüssel zum Erfolg.

Darin liegt eine große Chance für uns und unsere Mitmenschen, Mitarbeiter, die weit über den Rahmen von Firma, Management und Unternehmung hinaus geht. Denn Zen kennt keinen festen Rahmen wie Funktionalität, Ideologie oder Religion, es dient einzig dem Menschen selbst.

Wo Menschen wachsen, entstehen starke innovative Kulturen. Äußeres Wachstum unterliegt ausnahmslos dem großen Gesetz von Stirb und Werde, inneres Wachstum ist grenzenlos und gibt dem äußeren Wachsen Sinn, Form und Grenze.

Wo bin ich, und wer ist gegen mich?
war der alte Weg.
Wer bin ich, und wer ist mit mir?
ist der neue Weg.

Früher hieß es, Dämme gegen die Welle der Veränderung zu errichten. Heute bedeutet es, zu erkennen, dass ich selbst diese Welle bin.

Dies ist aber kein intellektueller Prozess, sondern ein Weg, der damit beginnt, dass ich anhalte, innehalte und täglich diesen Weg gehe.

Das Lesen dieser Zeilen aber reicht deshalb nicht aus; beginnen wir gemeinsam den Weg:

Zazen, tägliches Training zur Selbstverbesserung für mich und andere.

Sobu Sensei
(Hinnerk Polenski)

Literatur

Arokiasamy, A. M. (1995):
Warum Bodhidharma in den Westen kam oder
Kann es ein europäisches Zen geben; Seeon 1995

Augustinus, A. (2001):
Confessiones XI, 14, 17; in: Boros, L.; Aurelius Augustinus –
Aufstieg zu Gott; Düsseldorf 2001

Baatz, U. (1998):
Hugo M. Enomyia-Lassalle: Ein Leben zwischen den
Welten; Zürich, Düsseldorf 1998

Barz, H./Kampik, W./Singer, T./Teuber, S. (2001):
Neue Werte – Neue Wünsche; Düsseldorf 2001

Becker, H. (2001):
Meister Eckehart, der tiefste Mystiker des Abendlandes
und die Lehre des Buddha; Stammbach, Herrnschrot 2001

Bütler, R. (1992):
Die Mystik der Welt; Darmstadt 1992

Chadwick, D. (1999):
Shunryu Suzuki oder die Kunst ein ZEN-Meister
zu werden; Bern 1999

Chang, G. C. C. (1989):
Die buddhistische Lehre von der Ganzheit des Seins;
Bern 1989

Clanchy, M. T. (2000):
Abaelard, Ein mittelalterliches Leben;
Darmstadt 2000

Dahlke, R. (2001):
Woran krankt die Welt; München 2001

Dalai Lama (2002):
Der Weg zum Glück – Sinn im Leben finden;
2. Auflage; Freiburg 2002

Davidson, J. (1996):
Das Geheimnis des Vakuums; Düsseldorf 1996

Deshimaru-Roshi, T. (1978):
ZA-ZEN – Die Praxis des Zen; Heidelberg 1978

Deshimaru-Roshi, T. (1994):
ZEN in den Kampfkünsten Japans,
3. Auflage; Heidelberg 1994

Diers, C./Nölke, S./Vogt, J. (2002):
Studie Trendwende im Management – Der Trend geht
zu mehr Gefühl, in: Management und Training 7/02

Dürckheim, K. Graf (1967):
Hara – Die Erdmitte des Menschen;
Bern 1967

Dürckheim, K. Graf (1997):
Durchbruch zum Wesen;
10. Auflage; Bern 1997

Dürckheim, K. Graf (2001):
Einführung in den Zen-Buddhismus, Audio-Cassette;
Müllheim 2001

Dürckheim, K. Graf (2001a):
Der Alltag als Übung; Bern 2001

Dürr, H-P. (Hrsg.) (1988):
Physik und Transzendenz; München 1988

Engel, K. (2000):
Meditation – Geschichte, Systematik, Forschung, Theorie;
Frankfurt 2000

Ferguson, M. (1985):
Die sanfte Verschwörung; Basel 1985

Flach, K. (1996):
Augustinus; München 1996

Flores del Pilar, M. (1999):
GPO aus Sicht der Mitarbeiter und pädagogische
Konsequenzen; unveröffentlichte Diplomarbeit;
Mörfelden/Walldorf 1999

Fromm, E./Suzuki, D.T./de Martino, R. (1971):
Zen-Buddhismus und Psychoanalyse;
Frankfurt am Main 1971

Giddens, A. (2001):
Entfesselte Welt. Wie die Globalität unser Leben
verändert; Frankfurt 2001

Gore, A. (1992):
Wege zum Gleichgewicht; Frankfurt 1992

Graaf, J. de / Wann, D. / Naylor, T. (2002):
Affluenza Zeitkrankheit Konsum; München 2002

Graßmann, H. (2002):
Das Denken und seine Zukunft – Von der Eigenart
des Menschen; Hamburg 2002

Heintel, P. (1999):
Innehalten; Freiburg 1999

Herrigel, E. (1951):
ZEN in der Kunst des Bogenschießens;
34. Auflage; München 1993

iwd (2000):
Bericht der Weiterbildung; Informationsdienst des
Institutes der Deutschen Wirtschaft Köln;
Köln 2000

Jäger, W. (2002):
Die Welle ist das Meer;
8. Auflage; Freiburg 2002

Kairies, K. (2002):
Integration von Nichtrationalität in die Praxis des
Management – ein unternehmensbezogener
Erfolgsfaktor; Hannover 2002
(www.wirt.fh-hannover.de/veroeff/apapier/arb14.)

Kairies, K./Schrott, E. (2000):
Transzendenz – Basis für Kreativität in der Organisation;
Arbeitspapier 44/2000; Hannover 2000

Lassalle, H. M. E. (1975):
Kraft aus dem Schweigen;
4. Auflage; Zürich, Düsseldorf 1998

Laszlo, E. (2002):
Holos - die Welt der neuen Wissenschaften;
Petersberg 2002

Lexikon der fernöstlichen Weisheit:
4. Auflage; Bern 1997

Lankavatara Sutra (1996):
Die makellose Wahrheit erschauen; München 1996

Leider, K. (2000):
Deutsche Mystiker; Lübeck 2000

Linder-Hofmann, B. (2000):
Leistungssteigerung durch Performance Consulting,
in Schwuchow K./Gutmann J. (Hrsg. 2000): Jahrbuch
Personalentwicklung und Weiterbildung 2000/2001;
Neuwied 2000

Loehr, J. E. (2001):
Die neue mentale Stärke – Sportliche Bestleistungen
durch mentale, emotionale und physische Konditionierung;
München 2001

Loo, H. v. d. / Reijen, W. v. (1997):
Modernisierung. Projekt und Paradox;
2. Aufl.; München 1997

Loy, D. (1988):
Nondualität – Über die Natur der Wirklichkeit;
Frankfurt am Main 1988

Malik, F. (2000):
Führen Leisten Leben – Wirksames Management
für eine neue Zeit; Stuttgart, München 2000

Massa, W. (1999):
Wolke des Nichtwissens; Freiburg 1999

McGinn, B. (1994):
Die Mystik des Abendlandes;
2. Auflage; Bd. 1 Ursprünge; Freiburg 1994

Meister Eckhart (1993):
Deutsche Predigten; Frankfurt 1993

Mitsuo, K. / Kruit, G. (2001):
Samurai – Die Geschichte der berühmten Kriegerklasse
Japans; Königswinter 2001

Möntmann, H. G. (1993):
Raubritter in Glaspalästen – obskure Praktiken in der
Kreditwirtschaft; Wien 1993

Mumonkan (1989):
Die torlose Schranke – Zen-Meister Mumons
Koan-Sammlung; München 1989

Nefiodow, L. A. (2001):
Der sechste Kontradieff – Wege zur Produktivität und
Vollbeschäftigung im Zeitalter der Information;
5. Auflage; Sankt Augustin 2001

Neuberger, O. (2002):
Führen und führen lassen – Ansätze, Ergebnisse und
Kritik der Führungsforschung; Stuttgart 2002

Nietzsche, F. (2000):
Langsame Curen; Freiburg 2000

Nitobe, I. (2000):
Bushido. Die Seele Japans; Heidelberg 2000

Ogger, G. (1992):
Nieten in Nadelstreifen – Deutschlands Manager im
Zwielicht; München 1992

Osho (1974):
Zurück zu den Quellen der Lebenskraft;
Bern 1974

o. V. (2002):
»Nobody« plötzlich im Blickpunkt,
in: Nürnberger Zeitung, Nr. 145, 26.06.2002, S.34

o. V. (2002a):
Wir respektieren jetzt einander,
in: Nürnberger Zeitung, Nr. 175, 31.07.2002, S.24

o. V. (2002b):
Zurück auf dem Gipfel des Erfolgs,
in: Nürnberger Zeitung, Nr. 176, 01.08.2002, S.23

Pascal, B. (1997)
Gedanken; Köln 1997

Pirsig, R. M. (1988):
Zen und die Kunst ein Motorrad zu warten;
Frankfurt am Main 1988

Polenski, H. (Sobu Sensei) (1998):
Die Zen-Manager – Zen-Elitetraining für Finanzdienst-lei-
ster; in: Banken & Versicherungen 2/1998

Polenski, H. (Sobu Sensei) (2002):
Unveröffentlichter Zen-Vortrag auf einem
Schülertreffen; Kiel 2002

Polenski, H./Linder-Hofmann, B. (2001):
Grundlagen des Daishin Zen; unveröffentlichtes
Manuskript; Kiel, Nürnberg 2001

Preston, T. (1991):
Samurai-Geist – Der Weg eines Kriegers in den
japanischen Kampfkünsten;
überarb. Aufl.; Leimen, Heidelberg 1999

Ricard, M./Thuan, T. X. (2001):
Quantum und Lotus; München 2001

Russel, P. (2002):
Quarks, Quanten und Satori; Bielefeld 2002

Ruh, K. (1996):
Geschichte der abendländischen Mystik, Band III;
München 1996

Schmid, G. (2000):
Die Mystik der Weltreligionen; Stuttgart 2000

Shimano, E. T. (1994):
Wegweiser zum Zen – Zen-Buddhismus nach Rinzai;
Berlin 1994

Sprenger, R. K. (2001):
Aufstand des Individuums – Warum wir Führung
komplett neu denken müssen; Frankfurt, New York 2001

Suzuki, D. T. (1953):
Koan – Der Sprung ins Grenzenlose;
2. Auflage; Bern 1994

Suzuki, D. T. (1976):
Die große Befreiung; 19. Aufl.; Bern 2001

Suzuki, S. (2000):
Zen-Geist Anfänger-Geist;
9. Auflage; Heidelberg, Berlin 2000

Sokei-an, S. S. (1988):
Der 6. Patriarch kommt nach Manhattan;
Küsnacht 1988

Tauler, J. (1998):
Das Segel ist die Liebe; Zürich 1998

Thoreau, H. (1997):
Die Inspiration der Stille als Weg zum Wesentlichen;
Freiburg 1997

Toynbee, A. J. (1995):
Menschheit und Mutter Erde. Die Geschichte der
großen Zivilisationen; Hildesheim 1995

Tsunetomo, Y. (2000):
Hagakure – Der Weg des Samurai: Mainz 2000

Wilber, K. (1987):
Das Spektrum des Bewusstseins; Bern 1987

Wilber, K. (1987a):
Halbzeit der Evolution; 1987 Bern

Winter, W. (1999):
Theorie des Beobachters: Skizzen zur Architektonik
eines Metatheoriesystems; Frankfurt am Main 1999

Wolf, I. (2000):
Mystik; Frankfurt 2000

Wüthrich, H. A./Osmetz, D./Philipp, A. F. (2002):
Stillstand im Wandel – Illusion Change Management;
Herrsching 2002

Yunmen, W. (1994):
Zen-Worte vom Wolkentor-Berg; Bern 1994

Zen-Institut (2002):
Zen-Broschüre des Zen-Instituts; Kiel 2002
(www.zen-institut.de)

Zink, M. (1994):
Chaos ante portas – Betrachtungen aus systemischer
Sicht, in Dreesmann. H./Kraemer-Fieger, S. (Hrsg. 1994):
Moving. Neue Konzepte zur Organisation des Wandels;
Wiesbaden 1994

Zink, M. (1997):
Multiplikatoren in der lernenden Organisation, in König
E./Volmer G. (Hrsg. 1997): Praxis der systemischen
Organisationsberatung; Weinheim 1997

Zürn, P. (1997):
Führung und Vorbild – Existential-Aphorismen;
Frankfurt am Main 1997

Autorenportraits

- Bernd Linder-Hofmann

- Manfred Zink

www.die-innere-form.de
bernd.lh@die-innere-form.de

Bernd Linder-Hofmann

Jg. 1953, Dipl.-Kfm., Berater
(www.blh-network.de).

Über 20 Jahre Erfahrung im Projekt- und Prozessmanagement in verschiedenen Unternehmen im nationalen und internationalen Bereich.

Partner im Netzwerk »babylon2« mit den Schwerpunkten Geschäfts- unc Unternehmensentwicklung.

Lehrbeauftragter an der Fachhochschule Amberg/Weiden.

Schüler des Daishin Zen bei Hinnerk Sobu Polenski.

Forschungs- und Beratungsschwerpunkte: Entwicklung von Menschen und Unternehmen; Zen, Mystik, Neurophysiologie und Management.

www.die-innere-form.de
manfred.zink@die-innere-form.de

Manfred Zink

Jg. 1954, Leiter Change Management in einem Großunternehmen.

Über 20 Jahre Erfahrung im Projekt- und Prozessmanagement verschiederer Unternehmen.

Vorsitzender der Deutschen Gesellschaft für Systemische Organisationsberatung e.V. (www.gsob.de).

Verschiedene Lehraufträge und Veröffentlichungen.

Schüler des Daishin Zen bei Hinnerk Sobu Polenski.

Forschungs- und Beratungsschwerpunkte: Systemische Beratung und Change Management, Zen im Management, Philosophie der Mystik und des Ostens.

Hans A. Wüthrich • Dirk Osmetz • Andreas F. Philipp

Stillstand im Wandel
Illusion Change Management

**Viel Bewegung,
wenig Veränderung!**

Totale Kommunikation und Erreichbarkeit bestimmen unser Leben, Veränderungen prägen unseren Alltag.

Im Management ist man sich einig: Wandel ist das einzig Konstante. Und dennoch: Ist das Ergebnis nicht häufig Stillstand?

»Das Buch öffnet eine neue Sichtweise von Change Management und wendet sich nicht ausschließlich an Manager, sondern auch an Verantwortungsträger aus Politik und Gesellschaft.«
BUSINESS BESTSELLER

»Management ist vergleichbar mit einem Frosch, der in einem Topf mit Wasser sitzt, das kontinuierlich erhitzt wird: Er stirbt, weil er die kontinuierliche Veränderung nicht wahrnimmt – bis es zu spät ist. Ein Buch, das sehr zum Innehalten und Nachdenken anregt.«
LERNENDE ORGANISATION

Leinen, ca. 144 Seiten, Illustrationen Ernst Böhm
Memory Postcard, ISBN: 3-936179-02-6
April 2002

Hans A. Wüthrich • Wolfgang Winter • Andreas F. Philipp

Die Rückkehr des Hofnarren
Einladung zur Reflexion

Jeder sein Narr!

Ein Vergleich von historischen Höfen mit moder-
nen Organisationen, mit
der Pointe: uns fehlt der
Hofnarr!

»Die Autoren können sich
sicher sein, mit dieser selt-
sam anmutenden Behaup-
tung Aufmerksamkeit zu
erregen.«
DIEBOLD MANAGEMENT
REPORT

»Sie sind mit ihrer Analyse
nicht allein.«
SONNTAGSZEITUNG

»Weshalb Chefs gut daran
täten, gelegentlich die Nar-
renkappe überzuziehen.«
DER BUND

»Mit jeder Seite wird diese
Lektüre faszinierender.«
BUSINESS BESTSELLER

»Nicht nur ManagerInnen,
sondern auch Personalent-
wicklerInnen und BeraterIn-
nen zu empfehlen.«
LERNENDE ORGANISATION

Leinen, ca. 152 Seiten, Illustrationen Ernst Böhm
Pocket Memory Card, ISBN 3-936179-01-8
November 2001

Originalausgabe
1. Auflage 2002
© Gellius Verlags GmbH, Herrsching am Ammersee

E-mail: info@gellius.de
Illustrationen: Ernst Böhm, Hechendorf
Lektorat: Claudia Becker, Hohenschäftlarn
Gestaltung und Satz: dtp studio winter, München
Druck und Bindung: Color-Offset GmbH, München
Printed in Germany
ISBN 3-936179-03-4

Bibliografische Information Der Deutschen Bibliothek

Die Deutsche Bibliothek verzeichnet diese Publikation
in der Deutschen Nationalbibliografie;
detaillierte bibliografische Daten sind im Internet
über **http://dnb.ddb.de** abrufbar.